Lisa Ziegler

Resilienz – 6-Minuten-Gewohnheiten für eine starke Seele

Klare Strategien zum Aufbau innerer Stärke, für mehr Stabilität und Stressresistenz in deinem Alltag

Lisa Ziegler

RESILIENZ

6-Minuten-Gewohnheiten für eine starke Seele

Klare Strategien zum Aufbau innerer Stärke,
für mehr Stabilität und Stressresistenz in deinem Alltag

bu Verlag

Impressum

Deutschsprachige Erstausgabe November 2023

Ilana Hofer
Hauptstraße 9
25492 Heist

Covergestaltung und Satz: Wolkenart - Marie-Katharina Becker, www.wolkenart.com

Lektorat: Susanne Zeyse
Herstellung und Verlag:
BeYou Verlag

1. Auflage

ISBN 978-3-00-076878-1
Printed in the EU

Inhalt

Einleitung: Resilienz für eine starke Seele **7**
Was erwartet dich in diesem Buch? 8

Kapitel 1: Wie spüren wir die Veränderung in uns? **11**
Körperliche Veränderungen wahrnehmen 11
Veränderungen auf emotionaler und mentaler Ebene spüren 12
Was bedeutet Resilienz in diesem Kontext? 14
Kleine Gewohnheiten zu Kapitel 1: Emotionen im Alltag wahrnehmen und einordnen 15

Kapitel 2: Was die Seele stärkt – die Basis der Resilienz **25**
Die verborgenen Kraftquellen entdecken 25
Was gibt mir Sicherheit? 29
Kleine Gewohnheiten zu Kapitel 2: Ressourcen finden und bewahren 31

Kapitel 3: Der innere Kompass – Resilienz durch Selbstregulation **44**
Die innere Stimme hören lernen – wie hilft der innere Beobachter, resilienter zu werden? 44
Den inneren Kompass verstehen und nutzen 45
Kleine Gewohnheiten zu Kapitel 3: Den inneren Beobachter nutzen lernen 49

Kapitel 4: Herausforderungen meistern **60**
Warum wir mit Veränderungen oft schwer umgehen können 61
Den Umgang mit Unsicherheiten und Veränderungen meistern 63
Kleine Gewohnheiten zu Kapitel 4: Den Blickwinkel verändern und Chancen erkennen – sich immer wieder in einen ausgeglichenen Zustand bringen 65

Kapitel 5: Stärkende Bande: gemeinsam resilient **76**
Ein Netzwerk des Vertrauens 77
Die Kraft der sozialen Unterstützung nutzen 79
Kleine Gewohnheiten zu Kapitel 5: Beziehungen aufbauen und pflegen 82

Kapitel 6: Aus der Tiefe schöpfen: Selbstfürsorge als Kraftquelle..92
Die Kunst der Selbstliebe..........93
Den Körper und Geist in Einklang bringen..........95
Kleine Gewohnheiten zu Kapitel 6: Entspannung und Regeneration als Teil des Alltags..........97

Kapitel 7: Das Auge des Sturms: Gelassenheit in der Krise..........107
Die Ruhe im Chaos finden..........107
Den Weg zur inneren Stärke ebnen..........110
Kleine Gewohnheiten zu Kapitel 7: Achtsamkeit als Werkzeug zur inneren Ruhe..........114

Kapitel 8: Die innere Balance: Mit kleinen Gewohnheiten zu mehr Resilienz..........124
Die Kraft der positiven Emotionen..........125
Klares Denken durch Selbstregulation und Stressregulation..........128
Die Kunst der Entscheidungsfindung unter Druck..........129
Resilienz als Werkzeug..........132
Die Macht der kleinen Gewohnheiten entfesseln..........136
Die Kraft der Wiederholung..........136
Von Übungen zu Gewohnheiten..........137
Bereit für kommende Herausforderungen: die Reise geht weiter..........139

Schlusswort: Ein starkes Fundament für eine starke Seele..........140

Quellenangabe..........141

Einleitung

Resilienz für eine starke Seele

Täglich wirst du mit Herausforderungen konfrontiert, die dich und dein Leben beeinträchtigen. Es gibt Streit mit Kollegen, Konflikte innerhalb der Familie, berufliche und private Misserfolge, viel Hektik bei der Jagd von Termin zu Termin und am Abend besorgniserregende Nachrichten aus aller Welt im Fernsehen. Im Laufe der Zeit fällt es dir immer schwerer, mit all den Belastungen umzugehen. Wenn deine Resilienz nicht ausgeprägt ist, scheint der Stress dich zu überwältigen.

Als Resilienz bezeichnet man die Fähigkeit, sowohl mit den Herausforderungen des Lebens als auch mit persönlichen Rück- und Schicksalsschlägen gut umzugehen. Wenn du ausreichend resilient bist, lässt du dich davon nicht aus der Bahn werfen, sondern schaffst es, dich davon zu erholen und gestärkt daraus hervorzugehen. In einer sich immer schneller verändernden Welt hilft eine ausgeprägte Resilienz dir dabei, dich anzupassen und an den Herausforderungen des Alltags zu wachsen. Doch wie gelingt es dir, deine persönliche Resilienz nachhaltig zu stärken, sodass deine Seele widerstandsfähiger wird?

Genau diese Frage wird in diesem Buch beantwortet! Das Konzept von „6-Minuten-Gewohnheiten für eine starke Seele“ zeigt dir einfach zu erlernende und effiziente Gewohnheiten, die dir dabei helfen, deine Resilienz zu stärken. Die kurzen Übungen unterstützen dich bei der bewussten Regulation deines Stresslevels. Mit dem Wissen aus diesem Buch lernst du zu erkennen, wann dein Stress zunimmt, sodass du rechtzeitig gegensteuern kannst. Auf diese Weise verhinderst du, dass dein Stresspegel zu hoch wird und du in eine ungesunde Abwärtsspirale gerätst.

Mit den hier vorgestellten Gewohnheiten lernst du, das Prinzip der Stressregulierung in deinen Alltag zu übernehmen: einfache Techniken, die dich auch in stressigen Situationen schnell und nachhaltig wieder in einen ausgeglichenen Zustand zurückbringen. Alle in dem Buch vorgeschlagenen Gewohnheiten basieren auf dem Konzept, dass du sie regelmäßig bewusst anwendest. Wenn du sie erlernt und verinnerlicht hast, kannst du sie im Laufe der Zeit in Stresssituationen intuitiv abrufen. Du wirst zu einer resilienteren Person, die in der Lage ist, kleine und große Krisen besser zu bewältigen und gestärkt daraus hervorzugehen.

Was erwartet dich in diesem Buch?

Das Buch bietet dir zahlreiche Anleitungen und Übungen, mit denen du Stress abbauen, deine innere Mitte finden und deine Resilienz stärken kannst. Dazu gehören einfache Achtsamkeitsübungen, kurze Meditationen, Selbstreflexionen, Atemtechniken und vieles mehr. Du bekommst effektive Werkzeuge an die Hand, die dein Stresslevel vorbeugend und auch in akuten Stresssituationen auf einem niedrigen Niveau halten. So beugst du auch einem Burnout oder einer Depression vor.

Nutze die kurzen Gewohnheiten, um deine Gedanken zu beruhigen, deine Emotionen zu spüren und deine Handlungsfähigkeit in herausfordernden Zeiten aufrechtzuerhalten. Auch deine Konzentrationsfähigkeit wird sich bei regelmäßiger Anwendung verbessern. Du wirst dich insgesamt ausgeglichener und zufriedener fühlen. Nimm dir täglich ein paar Minuten Zeit, um die Gewohnheiten zu praktizieren und du wirst merken, wie sich deine Lebensqualität nachhaltig verbessert. Mach jetzt den ersten Schritt auf dem Weg zu einer starken Seele und einer resilienteren Zukunft!

Kapitel eins

Wie spüren wir die Veränderung in uns?

Für die Entwicklung der Resilienz spielt die Fähigkeit, kleinste Veränderungen in deinem Körper wahrzunehmen, eine große Rolle. Resilienz heißt, dass du in der Lage bist, stressige Situationen und Herausforderungen zu meistern und daraus gestärkt hervorzugehen. Deine eigene Körperwahrnehmung ist eine wichtige Säule für eine starke Resilienz. Übe daher verschiedene Signale und Empfindungen in deinem Körper wahrzunehmen, die dich auf körperlicher, mentaler oder emotionaler Ebene beeinflussen.

Körperliche Veränderungen wahrnehmen

Am deutlichsten spürst du die Veränderung in dir durch körperliche Anzeichen. Zum Beispiel in der Atmung, die flacher oder schneller wird, sobald du gestresst oder ängstlich bist. Auch dein Herzschlag ist ein Indiz: Er kann unregelmäßig, stärker oder schneller werden, sobald du dich unwohl fühlst – aber auch, wenn du glücklich bist. Bei Stress, Aufregung oder Angst gehören auch Kopfschmerzen, Muskelverspannungen und Magen-Darm-Probleme zu den gut spürbaren Veränderungen in deinem Körper. Wenn du auf diese Symptome achtest und deine Körperwahrnehmung schärfst, erkennst du schon frühzeitig, dass in dir eine Veränderung vorgeht.

Veränderungen auf emotionaler und mentaler Ebene spüren

Neben den körperlichen Anzeichen kannst du, wenn du genau in dich hineinspürst, auch auf mentaler und emotionaler Ebene Veränderungen spüren. Zum Beispiel durch:

- Erhöhte Reizbarkeit
- Nervosität
- Innere Unruhe
- Ein Gefühl der Beklemmung oder Angst
- Veränderung der Stimmung

Vielleicht hast du Schwierigkeiten, dich zu konzentrieren oder deine Gedanken sind rastlos. Das kann dir bei Stress und belastenden Situationen genauso passieren wie bei positiven Ereignissen. Wenn du durch eine gute Körperwahrnehmung in der Lage bist, deine mentalen und emotionalen Veränderungen zu bemerken, erkennst du, dass du dich in einer Phase des Wandels befindest. Dann musst du dich anpassen, damit du eine stärkere Resilienz entwickeln und durch die Herausforderungen wachsen kannst.

Wie du Veränderungen in dir besser spürst

Mit Achtsamkeit und Selbstreflexion kannst du die Fähigkeit zur Wahrnehmung von Veränderungen in dir stärken. Verbinde dich bewusst mit deinem Körper, deinen Gefühlen und deinen Gedanken! Das hilft dir, Veränderungen zu erkennen und ihre Wirkung auf dich zu verstehen. Dadurch wird es dir leichter fallen, mit Veränderungen in deinem Körper besser umzugehen und gut auf sie zu reagieren. Es gibt viele Aktivitäten, die regelmäßig ausgeführt deine Körperwahrnehmung stärken können. Dazu gehören Yoga, Meditationen und Atemübungen. Am Ende dieses Kapitels findest du Gewohnheiten, die dazu beitragen, dass du ein tieferes Verständnis für dich selbst entwickelst.

Wie fühlt sich Stress an und was macht das mit uns?

Stress löst bestimmte physiologische Veränderungen im Körper aus, damit du im Notfall schnell reagieren kannst. Er kann sich auf ganz unterschiedliche Weisen im Körper zeigen und sowohl emotionale als auch physische Auswirkungen haben. Bei unmittelbarem Stress reagiert dein Körper erstmal subtil mit einem erhöhten Herzschlag und einer schnelleren Atmung. Du bekommst vielleicht Verdauungsbeschwerden oder fühlst dich innerlich hibbelig. Dein Körper schaltet in den „Kampf-oder-Flucht"-Modus.

Permanenter Stress kann die Muskelspannung erhöhen. Du leidest dann womöglich verstärkt unter Schmerzen im Nacken, im Rücken und in den Schultern. Auch Schlafstörungen sind auf lange Sicht möglich. Langfristig gesehen schwächt übermäßiger Stress das gesamte Immunsystem und erhöht das Risiko für Herz-Kreislauf-Erkrankungen. Auch emotionale Auswirkungen wie Reizbarkeit, Niedergeschlagenheit, Erschöpfung und Konzentrationsstörungen können auftreten.

Wie fühlt es sich an, wenn wir uns gut fühlen, und was macht das mit uns?

Wenn du dich gut fühlst, erlebst du eine ganze Reihe angenehmer Empfindungen – sowohl auf körperlicher als auch auf emotionaler und mentaler Ebene. Dein Körper fühlt sich entspannt an, deine Muskeln sind locker und du hast keine Schmerzen. Deine Bewegungen sind von Leichtigkeit geprägt, deine Ausdauer ist gut und dein Stoffwechsel arbeitet normal. Auch emotional ist der Zustand des Wohlbefindens deutlich zu spüren. Du nimmst eine positive Stimmung, innere Ruhe und Gelassenheit sowie Glück und Zufriedenheit wahr. Das kann sich in einem gesteigerten

Selbstwertgefühl und einer positiveren Lebenseinstellung äußern. Davon profitieren deine zwischenmenschlichen Beziehungen: Du hast mehr Empathie für andere und kannst besser Entscheidungen treffen.
Wenn du glücklich bist und dich wohlfühlst, bist du auf mentaler Ebene klar und fokussiert. Du erlebst dich vielleicht als kreativer und produktiver, denkst schneller und effizienter und schaffst es, Probleme effektiv zu lösen. Es fällt dir leichter, deine Ziele zu verfolgen, mit Stress umzugehen und Veränderungen in deinem Leben zu bewältigen. Kurzum: Wenn du dich wohlfühlst, bist du resilienter.

Was bedeutet Resilienz in diesem Kontext?

Schaffst du es, feinfühlig für die Veränderungen und Emotionen in deinem Körper zu werden, so stärkt das nachhaltig deine Resilienz. Du wirst dir einerseits bewusst, dass Veränderungen im Leben unvermeidlich und nicht automatisch schlecht sind. Andererseits lernst du, dass du dich anpassen und wachsen kannst, was deine innere Stärke und das Vertrauen in dich selbst vergrößert. Du siehst also: Die Wahrnehmung von Veränderungen in dir ist der erste Schritt, um mit den Herausforderungen des Lebens besser umzugehen und eine starke Resilienz aufzubauen.

KLEINE GEWOHNHEITEN ZU KAPITEL 1: EMOTIONEN IM ALLTAG WAHRNEHMEN UND EINORDNEN

Ich möchte dich nun einladen, deine Gefühle und Gedanken wieder besser zu spüren, deine Wahrnehmung auf dich selbst zu lenken und Emotionen im Alltag bewusst wahrzunehmen. Wenn du die vorgeschlagenen Gewohnheiten regelmäßig praktizierst, wird es dir im Laufe der Zeit immer leichter fallen, ein besseres Gespür für dich selbst zu bekommen und dich mit deinem Inneren auseinanderzusetzen.

Gewohnheit EINS

Eine wohlwollende Haltung zu sich selbst einnehmen

Wir Menschen neigen dazu, uns selbst stark zu kritisieren und gehen hart mit uns ins Gericht, wenn wir Fehler machen oder uns etwas nicht so gut gelingt. Damit ist aber niemandem geholfen – am allerwenigsten dir selbst. Übe, eine wohlwollende Grundhaltung dir selbst gegenüber einzunehmen und so eine gute Resilienz aufzubauen. Dabei kann dir diese sechsminütige Gewohnheit helfen.

Nimm dir jeden Abend einige Minuten Zeit für dieses Gedankenexperiment: Setz dich hin und sei ganz für dich. Atme einige Male tief ein und aus, um zur Ruhe zu kommen. Schließe deine Augen, wenn du magst. Lass die Ereignisse des Tages jetzt noch einmal an dir vorüberziehen. Überlege dir dabei, was du zu einem guten Freund sagen würdest, der in derselben Situation war. Du merkst vielleicht: Zu einem lieben Menschen bist du viel freundlicher und wohlwollender als zu dir selbst. Benenne auch die Gefühle, die du in dieser Situation wahrgenommen hast. Gerne kannst du dir diese Gedanken notieren, denn das, was du aufschreibst, verankert sich noch einmal besser in deinem Kopf.

Das könnte zum Beispiel so aussehen:

- Diese Besprechung heute Vormittag hast du richtig gut gemeistert. Du hattest Angst, aber hast es trotzdem durchgezogen. Toll!
- Heute Mittag hattest du ein bisschen Kopfschmerzen. Bitte achte darauf, dass du morgen wieder mehr trinkst und Ruhepausen einlegst.
- Du warst heute traurig, als deine Freundin die Verabredung abgesagt hat. Das verstehe ich gut! Fühl dich einmal von mir in den Arm genommen.
- Im Moment geht es dir oft nicht so gut. Aber das bleibt nicht für immer so, sondern geht vorüber.

Je mehr du diese Art der Achtsamkeit für dich und deinen Körper trainierst, desto häufiger wird es dir gelingen, im Laufe der Zeit auch tagsüber wohlwollend zu dir selbst zu sprechen.

Gewohnheit
ZWEI

Wo liegt mein Fokus, wenn ich gestresst bin?

In stressigen Situationen lenkt sich dein Fokus leicht auf negative Gedanken und Emotionen, die dir aber gar nicht weiterhelfen. Mit der folgenden Übung kannst du herausfinden, wo dein Fokus liegt, wenn du gestresst bist, und ihn bewusst umlenken.

1. Achtsamkeit schaffen: Begib dich an einen ruhigen Ort, wo du ganz ungestört bist. Wähle eine bequeme Sitzposition und schließe deine Augen. Atme ein paar Mal tief ein und langsam wieder aus. Bringe deine Aufmerksamkeit bewusst auf deine Atmung und lenke die Konzentration auf den gegenwärtigen Moment.
2. Den Stress erkennen: Rufe dir jetzt vor deinem inneren Auge eine Situation in Erinnerung, die dich gestresst hat. Durchlebe diese Situation in Gedanken noch einmal. Spüre, welche Gedanken, Gefühle und körperlichen Empfindungen die Stresssituation in dir hervorruft.
3. Den Fokus beobachten: Richte deine Aufmerksamkeit darauf, wohin dein Fokus in der Stresssituation wandert. Was denkst du? Was fühlst du? Was bereitet dir Sorgen? Ist dein Fokus auf das eigentliche Problem gerichtet, das den Stress auslöst, oder dreht er sich eher um negative Gedanken oder etwaige negative Zukunftsszenarien?

4. Den Fokus bewerten: Stell dir selbst die Frage: Hilft der Fokus dir, gut mit dem Stress umzugehen und mögliche Lösungen zu finden? Oder sorgt dein aktueller Fokus nur dafür, dass sich die negativen Auswirkungen der Stresssituation für dich noch verstärken? Antworte so ehrlich wie du kannst!
5. Den Fokus umlenken: Wenn du zu dem Schluss kommst, dass dein Fokus dir eher schadet als nützt, dann lenkst du ihn bewusst um. Richte deine Aufmerksamkeit dafür achtsam auf die Aspekte, die dich unterstützen und dir Kraft geben. Sprich dir in Gedanken Mut zu oder erinnere dich an vergangene Erfolge. Führe dir deine Ressourcen vor Augen. Statt dich in möglichen Horrorszenarien der Zukunft zu verlieren, richte den Fokus auf das Hier und Jetzt. Konzentriere dich auf die Dinge, die dir momentan guttun.

Diese Bewusstseinsübung kannst du regelmäßig trainieren – vor allem dann, wenn du spürst, dass du gestresst bist. Dadurch, dass du deinen Fokus bewusst umlenkst, steigerst du deine Resilienz und kannst besser mit Stress umgehen. Im Laufe der Zeit wird es leichter, die Perspektive zu wechseln und dich auch bei Stress weiterhin auf die positiven und hilfreichen Aspekte zu fokussieren.

Gewohnheit DREI

Wie kann ich mich in Stresssituationen erden?

In akuten Stressmomenten kann es schwer sein, bei dir zu bleiben und dich selbst zu erden. Die folgende Übung hilft dir dabei, dich auf den aktuellen Moment zu konzentrieren, indem du eine Verbindung zu deinem Körper und deiner Umgebung herstellst. Das stärkt deine innere Stabilität.

6. Im Idealfall ziehst du die Schuhe und die Socken aus. Stelle dich dann mit beiden Füßen fest auf den Boden. Lass deine Arme locker neben deinem Körper hängen, entspanne die Schultern und schließe die Augen. Spüre bewusst, wie deine Füße den Boden berühren und dich halten. Du kannst dir deine Füße als Wurzeln vorstellen, die dich mit dem Boden unter dir verwurzeln und dich fest verankern. Du selbst bist ein Baum, der bei Wind leicht schwankt, aber nicht gleich umkippt.
7. Richte deine Aufmerksamkeit auf deinen Atem. Spüre, wie du tief in den Bauch einatmest und wie sich dein Bauch dabei ausdehnt. Atme ganz langsam und ruhig wieder aus und nimm wahr, wie der Atem deinen Körper verlässt. Fühle, wie dein Bauch wieder flacher wird. Am besten ist es, durch die Nase ein und durch den Mund auszuatmen.
8. Öffne deine Augen und schärfe deine Sinne für deine Umgebung. Beantworte folgende Fragen: Was hörst du? Was siehst du? Was fühlst du? Was riechst du? Konzentriere dich auf Geräusche, Farben, Formen, Strukturen, das Gefühl auf deiner Haut und auf Gerüche. Nimm diese Dinge wahr, ohne sie zu bewerten.
9. Nach ein paar Minuten werden dein Herzschlag und deine Atmung ruhiger werden und sich deine innere Anspannung lösen. Auf diese Weise kommst du wieder im gegenwärtigen Moment an und kannst den Stress zum Teil schon loslassen.

Wende diese Übung regelmäßig in Stresssituationen an. Sie wird dir nicht nur helfen, deine Resilienz zu stärken und besser mit Stress umzugehen. Sie trägt auch dazu bei, deine innere Stabilität zu fördern und eine ausgeprägtere Fähigkeit für die Bewältigung alltäglicher Herausforderungen zu entwickeln. Gleichzeitig stärkst du deine Wahrnehmung für die Empfindungen in deinem Körper.

Gewohnheit VIER

Wie erlebst du gerade deinen Körper?

Bei dieser Achtsamkeitsübung geht es darum, deinen Körper intensiv wahrzunehmen und die Verbindung zu ihm wiederherzustellen. Nimm dir dafür gerne sechsmal täglich eine Minute lang Zeit. Die Übung kann im Sitzen, im Liegen oder im Stehen durchgeführt werden und lässt sich einfach in den Alltag integrieren.

Richte deine Aufmerksamkeit ganz auf dich selbst. Stell dir alle Gedanken, die dir gerade durch den Kopf gehen, wie Wolken vor, die durch den Wind einfach weiterziehen und aus deinem Sichtfeld verschwinden. Atme dreimal bewusst ein und aus. Dann frage dich: Wie nimmst du deinen Körper jetzt in diesem Moment gerade wahr? Auf diese Frage gibt es weder ein Richtig noch ein Falsch, es geht darum, in dich hineinzuspüren so gut du kannst. Hast du anfangs Schwierigkeiten und lässt dich leicht ablenken, kannst du deine Aufmerksamkeit mit folgenden Fragen etwas steuern:

- Wie fühlt sich deine Stirn an? Ist sie in Falten gelegt oder ganz locker und entspannt?
- Welche Körperteile sind warm, wo ist dir eher kalt?
- Sind deine Hände zu Fäusten geballt oder liegen deine Finger ganz entspannt?
- Vergleiche deine beiden Arme und deine beiden Beine miteinander. Gibt es Unterschiede zwischen der rechten und der linken Seite?
- Spürst du irgendwo in deinem Körper ein Kribbeln?
- Wo im Körper nimmst du Verspannungen wahr?
- Wo fühlst du dich ganz entspannt und leicht?

Achte auch bei dieser Übung darauf, nicht zu bewerten. Nimm einfach nur wahr. Wenn du einen Schmerz oder eine Anspannung spürst, setze die Wahrnehmungsreise durch deinen Körper fort, ohne etwas zu verändern. Das mag dir am Anfang schwerfallen, weil du vielleicht glaubst, du müsstest dich eigentlich entspannen. Der Sinn der Übung besteht aber zuerst einmal nur darin, deine Körperwahrnehmung zu schulen. Je häufiger du diese Übung praktizierst, desto mehr geht sie dir in Fleisch und Blut über. Du wirst viel feinfühliger für deinen eigenen Körper und dessen Befindlichkeiten. Dadurch lernst du, besser auf dich achtzugeben und einen wohlwollenden, liebevollen Umgang mit dir zu pflegen, so dass du eine stärkere Resilienz entwickeln kannst.

Gewohnheit FÜNF

Die emotionale Wahrnehmung stärken

Wenn du deine eigenen Bedürfnisse kennst und erfüllst, wirst du automatisch resilienter.

Im Folgenden findest du eine kurze Übung, mit der du deine emotionale Wahrnehmung stärken, deine Gedankenmuster identifizieren und deine Bedürfnisse erkennen kannst. Regelmäßig ausgeführt, wird sie deine Resilienz verbessern.

1. Gönne dir einen Moment der Stille. Suche dir einen ruhigen Ort, an dem du sechs Minuten lang ungestört bist. Nutze deine bewusste Atmung, um deinen Fokus für einen Moment vom Außen weg und ganz in dein Inneres zu lenken. Beobachte deine Gefühle und Gedanken.

2. Frage dich selbst: „Wie fühle ich mich gerade? Welche Emotionen sind vorhanden?" Nimm dir einen Moment Zeit, in dich hineinzufühlen. Fühlst du Freude, Ärger, Angst, Traurigkeit oder Gelassenheit? Erlaube deinen Gefühlen, einfach da zu sein, auch wenn es vermeintlich negative Gefühle sind. Jedes Gefühl hat seine Daseinsberechtigung und muss weder verdrängt noch verändert werden.
3. Wandere mit deiner Aufmerksamkeit zu deinen Gedanken. Wenn ein Gedanke auftaucht, schau ihn dir einfach nur an. Auch hier gilt: Der Gedanke wird nicht bewertet. Er darf kurz da sein und dann darf er weiterziehen. Das fällt dir schwer? Stell dir einfach vor, du sitzt am Bahnsteig und beobachtest die vorbeifahrenden Züge. Jeder Zug fährt ein, wird von dir betrachtet und fährt dann wieder weiter. Genauso ist es mit deinen Gedanken. Es mag manchmal verlockend sein, auf einen Gedankenzug aufzuspringen und mitzufahren. Steige dann behutsam wieder ab und kehre zu deiner Bank am Bahnsteig zurück.
4. Zum Schluss lenkst du deine Aufmerksamkeit auf deine Bedürfnisse. Finde heraus, welche Bedürfnisse du gerade hast. Sehnst du dich nach Ruhe, Verbindung, Unterstützung oder Freiraum? Nimm diese Bedürfnisse an und gestehe sie dir als wichtig und legitim zu. Versuche danach, dir diese Bedürfnisse zu erfüllen.

Es ist sinnvoll, diese Übung im Alltag in unterschiedlichen Situationen zu praktizieren – beispielsweise, wenn es gerade stressig ist oder du dich mit jemandem gestritten hast. Auf diese Weise lernst du deine eigenen Emotionen und Gedanken besser kennen und stärkst deine Resilienz.

Gewohnheit
SECHS

Mit „negativen" Emotionen besser umgehen

Starke Gefühle wie Wut, Trauer und Ärger gehören zum Leben. Aber sie sind unangenehm und viele Menschen neigen dazu, sie zu verdrängen. Das ist aber nicht im Sinne der Resilienz. Du wirst erst dann resilient, wenn du lernst, alle deine Gefühle anzunehmen. Mit folgender Übung trainierst du, „negative" Emotionen konstruktiv für dich zu nutzen:

1. Nimm dir einen Moment Zeit, um das Gefühl, das du gerade spürst, zu benennen. Ist es Trauer, Wut, Verzweiflung oder Scham?
2. Fühle, welche körperlichen Empfindungen mit dem Gefühl einhergehen – ein schneller Puls, ein Hitzegefühl, ein verkrampfter Magen oder verspannte Muskeln?
3. Ohne etwas verändern zu wollen, atmest du einige Male ein und wieder aus.
4. Scanne deinen Körper von Kopf bis Fuß und finde heraus, wo sich die Anspannung durch das Gefühl manifestiert hat.
5. Beobachte deine Gedanken und den inneren Dialog, den du aufgrund deiner „negativen" Gefühle mit dir führst. Erkenne, dass du nicht deine Gedanken bist. Sie gehen wieder vorüber, also lass sie kommen und gehen, ohne dich zu sehr damit zu identifizieren.

6. Bewerte deine Gefühle nicht, sondern erkenne an, dass sie dir etwas mitteilen möchten. Nimm die Emotionen an, aber lass dich nicht von ihnen überwältigen.
7. Wähle eine konstruktive Reaktion und verzichte auf impulsive Handlungen. Wenn es nötig ist, dann ziehe dich einen Moment zurück und reagiere erst, wenn du dich beruhigt hast.
8. Gönne dir selbst Mitgefühl und sage dir, dass es in Ordnung ist, so zu fühlen. Sei stolz auf dich, weil du an deiner Weiterentwicklung arbeitest.

Du wirst sehen: Je öfter du diese Übung ausführst, wenn du wütend, ängstlich oder traurig bist, desto konstruktiver kannst du mit unschönen Gefühlen umgehen.

Kapitel zwei

Was die Seele stärkt – die Basis der Resilienz

Alles, was deine Seele stärkt, dir Kraft gibt und deine Resilienz verbessert, bezeichnet man als Ressourcen oder Kraftquellen. Zu deinen Kraftquellen gehören deine Beziehungen, deine im Laufe des Lebens erworbenen Fähigkeiten und deine innere Haltung. Befindest du dich also aktuell in einem Zustand, den du gerne verändern möchtest, brauchst du deine Kraftquellen, um dich daraus zu befreien und eine Veränderung herbeizuführen. Doch viele Menschen wissen gar nicht, was ihre verborgenen Kraftquellen sind und wie sie diese richtig einsetzen.

Die verborgenen Kraftquellen entdecken

Jeder Mensch hat sowohl äußere Kraftspender als auch innere Kraftquellen, auf die er zurückgreifen kann. Um dich aus unangenehmen Zuständen zu befreien, solltest du dir darüber klar werden, welche äußeren und inneren Ressourcen du hast, wie du sie anzapfst und für dich zum Vorteil nutzt.

1. Äußere Ressourcen

Deine äußeren Ressourcen bieten dir Wissen, Sicherheit und Unterstützung. Ein paar Beispiele für äußere Kraftspender sind:

- **Soziales Netzwerk:** Hast du ein starkes Netzwerk aus Familie, Kollegen, Freunden und Bekannten, so ist das eine wertvolle äußere Ressource. Dein soziales Netzwerk kann dir ermutigende Worte, handfeste Hilfe, Ratschläge, Austausch und emotionale Unterstützung bieten. Basiert die Beziehung zu deinen Mitmenschen auf Akzeptanz, Verständnis und Vertrauen, hilft dir das dabei, Herausforderungen besser zu bewältigen, Stress abzubauen und deine Resilienz zu stärken.
- **Vorbilder:** Als Personen, an denen du dich orientierst, können Vorbilder ebenfalls wertvolle Kraftquellen für dich sein. Sie bieten dir Inspiration und positive Herangehensweisen für schwierige Situationen, helfen dir dabei, deine Perspektiven zu erweitern und neue Lösungswege zu gehen.
- **Wissen:** Auch der Zugang zu Wissen ist eine Kraftquelle. Sie ermöglicht es dir, neue Fähigkeiten zu lernen, dein Verständnis in verschiedenen Bereichen zu erweitern und wichtige Kenntnisse zu erlangen, um dich so bestmöglich auf Veränderungen vorzubereiten.
- **Finanzielle Sicherheit:** Ein stabiles finanzielles Fundament ist eine sehr wichtige Kraftquelle, die sich positiv auf deine Resilienz auswirkt. Du kannst dir damit grundlegende Bedürfnisse erfüllen sowie spontan auf unvorhersehbare Ausgaben reagieren. Dadurch hast du eine gewisse Sicherheit für deine Zukunft.
- **Gesundheitsversorgung:** Du benötigst eine gute psychische und physische Gesundheit, um mit Belastungen umzugehen und dich von persönlichen Krisen zu erholen. Daher ist auch der Zugang zu einer qualitativ hochwertigen Gesundheitsversorgung von entscheidender Bedeutung für deine Resilienz.
- **Gute Arbeitsumgebung:** Ist dein berufliches Umfeld unterstützend, wirkt sich das positiv auf die Entwicklung deiner Resilienz aus. Genießt du im Job ein hohes Maß an Flexibilität, hast du eine Chance auf eine berufliche Weiterentwicklung und wirst von deinem Vorgesetzten unterstützt, so fördert dies dein Engagement und deine Anpassungsfähigkeit.

2. Innere Ressourcen

Deine inneren Kraftquellen sind deine persönlichen Eigenschaften, Stärken, Kompetenzen und deine Erinnerungen. Sie sind für jeden Menschen individuell. Was sind deine inneren Kraftquellen?

- **Optimismus:** Wer einen optimistischen Blick auf das Leben hat, kann in schwierigen Situationen positive Aspekte erkennen. Optimistische Menschen sehen Herausforderungen als vorübergehend, lösbar und als Chance für die persönliche Weiterentwicklung.
- **Selbstbewusstsein:** Selbstvertrauen ist eine wichtige innere Ressource. Es ermöglicht dir, deine Talente, Fähigkeiten und Stärken anzuerkennen und fördert eine positive innere Haltung.
- **Anpassungsfähigkeit:** Diese Kraftquelle hilft dir dabei, Veränderungen anzunehmen und alternative Lösungen zu finden.
- **Emotionale Intelligenz:** Deine emotionale Intelligenz unterstützt dich dabei, deine eigenen Emotionen zu erkennen, anzunehmen, zu verstehen und zu regulieren. Sie hilft dir auch dabei, die Gefühle anderer Menschen wahrzunehmen und mit Empathie darauf zu reagieren.
- **Selbstfürsorge:** Wenn du für dich selbst sorgst, achtest du auf eine gute Balance zwischen Arbeit und Freizeit und erfüllst dir auch deine eigenen Bedürfnisse. Wer gut für sich selbst sorgt, ist in der Lage, eine starke Resilienz zu entwickeln.
- **Selbstreflexion:** Bist du in der Lage, deine eigenen Gedanken, Emotionen und Verhaltensweisen zu beobachten und zu verstehen, dann verfügst du über eine gute Selbstreflexion. Das hilft dir, deine Erfahrungen zu verarbeiten, daraus zu lernen und dich weiterzuentwickeln.

Ressourcenquellen erkunden und nutzen

Je mehr Kraftspender du hast, desto besser ist das für deine Resilienz. Mache dir deine Kraftquellen bewusst und gehe gut mit ihnen um und du wirst merken, wie sich das positiv auf deinen Alltag auswirkt. Willst du Situationen oder Zustände, die dich unglücklich machen,

erfolgreich verändern, dann denke an deine Kraftquellen. Das klappt am besten durch ein regelmäßiges Training. Die Übungen, die zum Abschluss dieses Kapitels vorgestellt werden, helfen dir dabei. Bist du dir bewusst, dass du auch bei Stress über deine Kraftquellen verfügst, so ist das ein guter Anfang für deine Selbstwirksamkeit und eine ausgeprägte Resilienz. Leider neigen wir Menschen gerade in Stresssituationen dazu, diese Tatsache zu vergessen und nur noch das Negative zu sehen. Visuelle Erinnerungsstützen können dir dabei helfen, dich an deine Kraftquellen zu erinnern.

- Ein Post-it mit einem Zitat am Spiegel
- Eine Postkarte am Monitor deines Arbeitsplatzes
- Affirmationskarten
- Ein Vision-Board mit Bildern, Zitaten und Symbolen
- Glücksbringer oder andere symbolische Gegenstände, die du immer bei dir tragen kannst

Wenn du Stress hast, denke an deine Kraftquellen und erinnere dich daran, was dich stärkt, was dir hilft und was dich aufblühen lässt!

Wie Ressourcen auf die Seele wirken

Ressourcen spenden dir die Kraft, motiviert und selbstwirksam Situationen zu verändern. Du stärkst deine eigene Widerstandskraft, wenn du deine inneren und äußeren Ressourcen kennst und sie richtig nutzt. Hast du einen guten Kontakt zu deinen Energiequellen, so stärkt das automatisch deine Resilienz. Deine Kraftquellen können auf vielerlei Weise auf deine Seele wirken:

- Sie stärken und schützen die Seele, weil sie dir das Gefühl von Vertrauen, Geborgenheit und Sicherheit vermitteln. Ressourcen bieten Unterstützung und Rückhalt, sodass du widerstandsfähiger wirst.
- Deine Energiequellen wecken positive Emotionen und ein Gefühl des Wohlbefindens in dir. Das fördert deine seelische Balance und stärkt deine emotionale Gesundheit.

- In stressigen Situationen schützen deine Ressourcen deine Seele davor, aus dem Gleichgewicht zu geraten. Sie stellen dir Strategien, Werkzeuge und Fähigkeiten zur Verfügung, die dich besser mit Stress umgehen lassen und deine positive Perspektive erhalten.
- Deine Ressourcen tagen dazu bei, dich mit einem tieferen Sinn verbunden zu fühlen. Du erkennst dank ihnen deine Leidenschaften, Werte und Ziele und kannst diese besser verfolgen.
- Wenn du dir deiner Kraftquellen bewusst bist, so sind sie die Basis für deine Selbstpflege und Erholung. Sie ermöglichen es dir, auf dich selbst aufzupassen und deiner Seele Zeit für Ruhe und Regeneration zu bieten.

Ressourcen sind nicht nur der Antriebsstoff, den du brauchst, um Veränderungen herbeizuführen. Wenn du dir über deine Stärken und Fähigkeiten sowie die Unterstützung von außen im Klaren bist, stärkt das deine Selbstsicherheit. Das trägt dazu bei, dass du dich auch in Krisen auf dich selbst verlassen kannst. Somit bilden deine Ressourcen die Basis für eine gesunde Seele und den Grundstein deiner Resilienz.

Was gibt mir Sicherheit?

Ein guter Zugang zu deinen Ressourcen kann dir ein Gefühl von Sicherheit vermitteln. Deine Energiequellen unterstützen verschiedene Aspekte deines Lebens und stärken sie. Im Folgenden findest du einige Beispiele, wie dir deine Kraftquellen Sicherheit spenden können, sodass du aus Krisensituationen gestärkt hervorgehst:

1. Finanzielle Sicherheit, ein stabiles soziales Netzwerk oder ein guter Arbeitsplatz – deine Kraftquellen geben dir ein Gefühl der Zuverlässigkeit und Stabilität. Sie schaffen eine Basis, auf der du dich geborgen und sicher fühlen kannst.
2. Hast du gute Kraftquellen wie enge Freundschaften, die Unterstützung deiner Familie und eine liebevolle Beziehung, so profitierst du von der emotionalen Hilfe. Es vermittelt ein immenses Gefühl von Sicherheit, wenn du weißt, dass es Personen in deinem Leben gibt, auf

die du dich verlassen kannst, die dich trösten und dich ermutigen. Sie sind eine Schutzschicht für deine Seele.

3. Talente, Kenntnisse und Fähigkeiten geben dir die Sicherheit, Herausforderungen selbstwirksam anzugehen und Probleme rasch zu lösen. Vertrauen in deine eigenen Fähigkeiten schafft ebenfalls ein ausgeprägtes Gefühl der Sicherheit und Selbstwirksamkeit.
4. Ressourcen stellen dir Bewältigungsstrategien zur Verfügung, die dir helfen, besser mit Krisen, Stress und Herausforderungen umzugehen. Dazu gehören zum Beispiel Selbstfürsorgepraktiken, positive Denkmuster und Entspannungstechniken. Wenn du weißt, dass du wirksame Strategien hast, um Schwierigkeiten zu überwinden, vermittelt dir das ein gutes Gefühl der Sicherheit.
5. Selbstvertrauen und das Vertrauen in andere Menschen tragen dazu bei, dass du dich sicherer fühlst. Das Urvertrauen, dass am Ende alles gut wird, ist immer mit einem Gefühl der Sicherheit und Gelassenheit verbunden.
6. Die Fähigkeit zur Voraussicht verleiht dir ein Gefühl der Sicherheit und Kontrolle, weil du dich auf kommende Herausforderungen vorbereiten und deine Zukunft planen kannst. Wenn du vorsorgst und einen Plan B im Hinterkopf hast, bist du bestens dafür ausgerüstet, auch mit unvorhersehbaren Ereignissen gut umzugehen.

Du siehst also: Das Wissen darüber, welche Ressourcen du hast und wie du sie für dich nutzen kannst, erzeugt ein wichtiges Sicherheitsgefühl in dir, das dich besser mit den Herausforderungen deines Lebens umgehen lässt.

KLEINE GEWOHNHEITEN ZU KAPITEL 2: RESSOURCEN FINDEN UND BEWAHREN

Wie kannst du deine eigenen Kraftquellen am einfachsten finden, nutzen und für dich bewahren? Es gibt einige Übungen, um dir deiner Kraftquellen bewusst zu werden. Du kannst sie zu kleinen Gewohnheiten in deinem Alltag werden lassen, um deinen Blick für deine Ressourcen zu schärfen und diese effektiv zu nutzen. Auf diese Weise wirst du deine Seele stärken und dein Sicherheitsgefühl wachsen lassen.

Überlege zunächst, wo deine Stärken, Interessen und Fähigkeiten liegen. Betrachte dein Umfeld: Wo fühlst du dich wohl, wer tut dir gut und welche Aspekte haben einen positiven Einfluss auf dich und deine Seele? Damit es dir leichter fällt, einen Zugang zu deinen persönlichen Ressourcen zu finden und diese für dich zu nutzen, folgen nun einige kleine Gewohnheiten zu diesem Kapitel. Übung macht den Meister! Je häufiger du die kurzen Gewohnheiten im Alltag praktizierst, desto mehr gehen sie dir in Fleisch und Blut über.

Gewohnheit EINS

Orte der Sicherheit und Ruhe – welche Orte stärken dich?

Wenn du deine Orte der Ruhe und Sicherheit kennst, so dient dir das im Alltag als wertvolle Ressource. Du kannst dich – entweder tatsächlich oder in Gedanken – bei Bedarf an diese Orte zurückziehen, um Kraft zu schöpfen und neue Energie zu tanken. Diese kleine Gewohnheit hilft dir dabei, die Orte zu finden, die dich nachhaltig stärken und deine Resilienz verbessern.

1. Setze dich an einen ruhigen Ort, wo du einige Minuten lang ungestört bist. Atme tief und langsam ein und wieder aus. Achte darauf, etwas länger aus- als einzuatmen. Beruhige deine Gedanken durch diesen bewussten, langsamen Atemrhythmus.
2. Denke an einen Ort, der dir in der Vergangenheit schon einmal ein tiefes Gefühl der Sicherheit und Ruhe vermittelt hat. Vielleicht ist das ein Ort aus deiner Kindheit, ein Platz in deinem Zuhause oder ein Strand in deinem Lieblingsurlaubsland.
3. Tauche in die Vorstellung des Ortes ein. Konzentriere dich auf alle Details. Wie sieht es an diesem Ort aus? Was hörst du? Was riechst du? Nimm den Ort möglichst mit all deinen Sinnen wahr und male ihn dir in all seinen Facetten aus.
4. Spüre ganz bewusst das Gefühl der Sicherheit, Entspannung und Ruhe, das dich durchströmt, wenn du an diesen Ort denkst.
5. Öffne deine Augen und komme wieder im Hier und Jetzt an. Spüre dem Gefühl der inneren Ruhe noch einmal nach.
6. Nimm dir ein Notizbuch und schreibe dir auf, an welchen Ort du heute gedacht hast und welche Emotionen und Gedanken bei dir mit der Erinnerung daran verbunden sind.

Wenn du die Möglichkeit dazu hast, dann besuche diesen Ort ab und zu – gerade, wenn es im Alltag etwas stressiger und turbulenter zugeht. Liegt dein Ort weit entfernt, ist das natürlich nicht ohne weiteres möglich. Dann reise in deiner Vorstellung zu diesem Ort und koste das wohlige Gefühl der Erinnerungen, die damit verbunden sind, intensiv aus.

Am besten ist es, die Übung in regelmäßigen Abständen zu wiederholen. Am Anfang ist es gut, dir immer wieder einen anderen Ort vorzustellen. Notiere jeden Ort, der für dich Sicherheit und Ruhe bedeutet, in deinem Tagebuch. Nach einiger Zeit hast du so die Möglichkeit, ganz bewusst einen

Ort für deine Reise auszuwählen, der dir gerade besonders guttut. Gibt es zum Beispiel einen Strand, der in dir Entspannung auslöst? Dann bereise ihn in deiner Fantasie, wenn du gestresst bist. Oder hast du vielleicht eine Lichtung im Wald, die dich regelrechte Glücksgefühle verspüren lässt? Dann ist dies der perfekte Ort, den du – in Wirklichkeit oder in deinen Gedanken – aufsuchen kannst, wenn du einmal traurig bist.

Gewohnheit ZWEI

Dein Sicherheitsnetz – Menschen, die dir guttun und dich auffangen

Bei dieser Übung geht es darum, dir bewusst zu werden, dass es in deinem Leben Menschen gibt, mit denen du tief verbunden bist, Personen, die dir in schwierigen Lebenssituationen weiterhelfen und an deiner Seite sind. Dieses Gefühl des Vertrauens in andere Menschen verleiht dir ein ausgeprägtes Sicherheitsgefühl, auf das du in unsteten Zeiten zurückgreifen kannst und ist eine wichtige äußere Kraftquelle für deine Resilienz. Wann immer du Ängste, Stress oder Traurigkeit verspürst, kannst du diese Übung machen, um dich daran zu erinnern, dass du nicht allein bist:

1. Lege dich mit dem Rücken auf eine bequeme Unterlage. Das kann dein Bett, dein Sofa, eine Yogamatte oder eine weiche Decke sein. Nimm drei tiefe Atemzüge, um dich zu fokussieren. Spüre, wo dein Körper die Unterlage überall berührt. Wenn du es noch nicht getan hast, schließe deine Augen.
2. Denke an all die Menschen, die in deinem Leben eine wichtige Rolle spielen. Dies können Familienmitglieder, enge Freunde, Kollegen, Vereinsmitglieder oder andere Vertraute sein. Erinnere dich an

Momente mit diesen Menschen, in denen sie dich unterstützt haben.

3. Male dir aus, wie du auf dem Dach eines hohen Gebäudes stehst und in die Tiefe blickst. Spüre die Gefühle, die du in dieser Situation hast, und lass alles zu, ohne es zu bewerten. Auch Angst und Unsicherheit sind in dieser Situation erlaubt.
4. Stell dir nun all die Personen vor, die in deinem Leben eine wichtige Rolle spielen. Sie stehen unten vor dem Gebäude und halten ein leuchtendes Sicherheitsnetz. Jeder von ihnen verspricht dir, dich aufzufangen, wenn du springst.
5. Zähle innerlich noch einmal bis drei und lass dich fallen. Spüre, wie du von den dir wichtigen Personen aufgefangen wirst, wie du weich und sicher in dem Netz landest. Koste das Gefühl der Erleichterung innig aus.
6. Kehre langsam in die Realität zurück und lass alle Gefühle, die mit der Übung verbunden waren, noch einmal nachwirken.
7. Nimm dein Notizbuch oder Tagebuch zur Hand und halte fest, wie sich diese Übung für dich angefühlt hat. Wie geht es dir jetzt? Welche Gedanken gehen dir durch den Kopf? Was möchtest du den Personen, an die du während der Übung gedacht hast, vielleicht gerne sagen?

Diese Übung tut auch gut, wenn es dir gerade gutgeht. Lass sie zu einer regelmäßigen Gewohnheit werden, denn das Wissen, ein starkes Sicherheitsnetz aus vertrauten Personen zu haben, ist immens wichtig für den Aufbau deiner Resilienz.

Gewohnheit DREI

Lebensumstände, die dir Kraft spenden

Jeder Mensch hat einige Lebensumstände, die ihm guttun und ihm Kraft spenden. Das können zwischenmenschliche Beziehungen, Hobbys, die Zeit in der Natur, Humor oder die körperliche Gesundheit sein. Jeder setzt seinen Fokus anders. Welche Lebensumstände sind für dich besonders wohltuend? Wenn du diese Frage aus dem Stegreif nicht beantworten kannst, kann folgende Übung hilfreich sein:

1. Such dir einen ruhigen Ort, an dem du ungestört bist.
2. Nimm einen Zettel und einen Stift zur Hand.
3. Erstelle dir eine Tabelle mit vier Zeilen und vier Spalten und beschrifte sie wie folgt:

Unterstützende Personen oder Gemeinschaften	Erfüllende Aktivitäten oder Hobbys	Nährende Umgebungen	Persönliche Ressourcen oder Stärken

4. Notiere nun in jeder Zeile einen Lebensumstand, der dir im Moment guttut. Schreibe auch deine Gründe auf, weshalb du diesen Lebensumstand als nährend empfindest. Das könnte zum Beispiel so aussehen:

Unterstützende Personen oder Gemeinschaften	Erfüllende Aktivitäten oder Hobbys	Nährende Umgebungen	Persönliche Ressourcen oder Stärken
Kollegin Anna, denn mit ihr werden die Mittagspausen eine wahre Freude	*Malen, weil ich dabei prima abschalten kann*	*Mein gemütliches Wohnzimmer, denn hier bin ich ganz für mich*	*Meine Geduld, die mir gerade im Job oft weiterhilft*
Yoga-Gruppe mittwochs, weil es super ist, sich in der Gemeinschaft auszupowern	*Kochen, denn damit tue ich etwas für meine Gesundheit und es bereitet mir Freude*	*Mein Bett am Abend, weil ich dann meine Muskeln endlich entspannen kann*	*Meine Problemlösungsfähigkeit, mit der ich meinen Alltag gut bewältige*
Meine Freundin Susi, weil sie immer ein offenes Ohr hat	*Wandern in der Natur, weil Bewegung an der frischen Luft mich beruhigt*	*Der Ausblick aus meinem Büro, weil er so inspirierend wirkt*	*Mein Humor, weil ich es liebe, andere zum Lachen zu bringen*

Mein Kater Moritz, denn sein Schnurren wirkt einfach beruhigend	*Basteln, weil ich es liebe, mit meinen Händen etwas zu schaffen*	*Der Park in der Nähe, weil ich hier die Enten beobachten kann*	*Meine Empathie, die mir hilft, andere zu verstehen*

5. Nimm dir noch einen Moment Zeit, um dir die Tabelle genau anzuschauen und die einzelnen Zeilen auf dich wirken zu lassen. Spüre die positiven Gedanken und Gefühle, die dir diese Aspekte deines Lebens bereiten.

Wiederhole die Übung ruhig einmal pro Woche oder einmal im Monat. Die Lebensumstände, die dich nähren und stärken, ändern sich von Zeit zu Zeit, aber es ist immer hilfreich.

Gewohnheit VIER

Erkenne deine Fähigkeiten und Talente

Die eigenen Fähigkeiten und Talente zu erkennen, ist manchmal gar nicht so einfach. Oft neigen wir dazu, uns selbst zu kritisieren, hart mit uns ins Gericht zu gehen oder uns Fehler kaum zu verzeihen. Was kannst du wirklich gut? Wo liegen deine Stärken? Was sind deine herausragenden Fähigkeiten? Hier ist eine kleine Gewohnheit für dich, die dir hilft, deine Stärken und Talente zu erkennen:

1. Wähle einen absolut ruhigen und möglichst auch abgedunkelten Ort. Setze dir Kopfhörer auf und bitte alle Familienmitglieder, dich in den nächsten Minuten nicht zu stören.
2. Setze dich ganz bequem hin oder nimm eine liegende Position ein. Schließe deine Augen. Atme tief und bewusst ein und stell dir dabei vor, wie positive Energie deinen Körper durchflutet. Lass mit der Ausatmung alle negativen Gedanken und Emotionen los. Wiederhole diese bewusste Atmung ungefähr fünfmal.
3. Stelle dir vor deinem inneren Auge nun deinen persönlichen Lieblingsort vor. Male dir aus, wie du langsam auf ihn zugehst und versuche, ihn mit all deinen Sinnen wahrzunehmen.
4. Laufe durch deinen Ort und denke an ein Tier. Egal, welches Tier es ist, lass es einfach auftauchen. Dieses Wesen ist dein persönliches Krafttier. Beobachte die starke und positive Energie, die es ausstrahlt. Schau ihm bei allem zu, was es tut, und bemerke seine besonderen Verhaltensweisen.
5. Versuche, eine Verbindung zu deinem Krafttier aufzubauen. Nähere dich ihm langsam und streichle es, wenn es das möchte. Spüre die Stärke und Kraft des Tieres und koste das Gefühl der Sicherheit aus, welches es dir vermittelt.
6. Frage das Tier, welche Fähigkeiten und Stärken es an dir besonders schätzt. Lass dir Zeit, während das Krafttier dir antwortet und fühle, was seine Antworten in dir auslösen. Nimm die Impulse wahr, die sich dir dabei auftun. Vielleicht kannst du spüren, wie du dich mit den Eigenschaften und Fähigkeiten des Krafttiers verbindest.
7. Verabschiede dich sanft von deinem Krafttier und bedanke dich bei ihm für seine Hilfe. Kehre langsam in den gegenwärtigen Moment zurück, indem du noch einige Male bewusst ein- und wieder ausatmest. Öffne langsam deine Augen und spüre dieser Übung nach.
8. Nimm dein Tagebuch oder Notizbuch zur Hand. Schreibe auf, welche Stärken und Fähigkeiten sich durch den Kontakt mit deinem Krafttier aufgezeigt haben. Notiere außerdem, wie du dich jetzt in diesem Moment nach der kleinen Meditation fühlst.

Zu wissen, was du wirklich gut kannst und wo deine Stärken liegen, bereitet dich für stressige Zeiten vor. Du weißt, was dich auszeichnet und kannst deine Stärken in schwierigen Zeiten bewusster abrufen und je häufiger du diese Übung ausführst, desto leichter wird es dir fallen, mit deinem Krafttier zu sprechen und deine eigenen Stärken und Talente herauszufinden.

Gewohnheit
FÜNF

Welche Erinnerungen lassen dich wachsen?

Schöne Erinnerungen können eine starke innere Kraftquelle sein. Doch gerade, wenn es im Alltag stressig und hektisch zugeht, fällt es dir womöglich schwer, überhaupt einen Zugang zu deinen schönsten Erinnerungen zu bekommen. Diese kleine Gewohnheit ist dazu da, dir das Tor zu deinen Erinnerungen zu öffnen:

1. Suche dir einen ruhigen Ort, an dem du ungestört bist und dich wohlfühlst. Geeignet ist zum Beispiel dein Bett. Aber auch einer deiner Kraftorte, von denen du schon weißt, dass sie energiespendend auf dich wirken, kommt infrage. Ideal wäre für diese Übung ein Ort in der freien Natur.

2. Schließe deine Augen und nimm einige tiefe, bewusste Atemzüge. Konzentriere dich nun auf deine übrigen Sinne. Was spürst du auf deiner Haut? Was hörst du? Was riechst du? Kannst du vielleicht sogar etwas schmecken?
3. Lass vor deinem inneren Auge einen magischen Wald auftauchen, der zu dem passt, was deine Sinne dir mitteilen. Hörst du beispielsweise das Rauschen des Windes, dann stell dir vor, wie sich die Bäume im Wald sanft hin und her wiegen. Nimm den Wald in allen Details und Farben wahr. Stell dir vor, wie eine mystische Aura ihn umgibt.
4. Betrete den Zauberwald und gehe eine Weile den Weg entlang. Konzentriere dich weiter auf alles, was du siehst, hörst und spürst: deine Schritte auf dem Waldweg, das Rascheln der Blätter, den warmen Wind auf deiner Haut, das Zwitschern der Vögel.
5. Vor deinen Augen taucht eine große, leuchtende Tür auf. Es ist das Tor, das dich zu deinen Erinnerungen führt. Öffne die Tür und gehe hindurch. Daraufhin stehst du in einem magischen Raum, an dessen Wänden die Bilder deiner Erinnerungen hängen. Sie warten nur darauf, von dir betrachtet zu werden.
6. Nimm das Bild von der Wand, das dir heute eine besonders starke, innere Kraftquelle bietet. Schau es dir genau an und erinnere dich an diesen speziellen Moment in all seinen Facetten. Spüre die Gedanken und Emotionen, die mit dieser Erinnerung verbunden sind und nimm die Kraft wahr, die dabei in dir aufsteigt.
7. Betrachte das Bild, solange du möchtest. Wenn du fertig bist, hängst du es an die Wand zurück. Du kannst dir noch ein weiteres Erinnerungsbild anschauen oder dir die anderen Bilder für das nächste Mal aufheben.
8. Wenn du bereit bist, kehre langsam ins Hier und Jetzt zurück. Spüre wieder, wo dein Körper die Unterlage berührt, und konzentriere dich auf die Geräusche und Gerüche, die dich umgeben. Öffne deine Augen.
9. Notiere in deinem Tagebuch oder Notizbuch, welche Erinnerung du heute betrachtet hast. Schreibe gerne auf, was du

gefühlt hast und warum es gerade diese Erinnerung ist, die dich von innen heraus stärkt und wachsen lässt.

Wann immer du glaubst, dass eine schöne Erinnerung dir helfen könnte, kannst du in deinem Tagebuch nachlesen oder du kehrst in den mystischen Wald zurück, um noch einmal das Tor zu deinen Erinnerungen zu öffnen.

Gewohnheit SECHS

Was sind deine Werte?

Die Frage klingt trivial und vielleicht fallen dir ja direkt ein paar Werte ein, mit denen du dich gut identifizieren kannst. Die Klassiker wären Treue, Ehrlichkeit und Mut. Doch sicher gibt es noch mehr Werte, die eine große Bedeutung für dich haben, auch wenn du sie nicht spontan nennen kannst. Deshalb empfehle ich dir diese Übung als kleine Hilfestellung. Damit kannst du dir darüber klar werden, welche Werte dir im Kern wichtig sind und dich leiten. Sie sind die Grundpfeiler und Anker deiner Persönlichkeit und eine Basis für eine starke Resilienz. Du brauchst für die Übung Zeitungen und Zeitschriften oder alte Bücher. Lege außerdem ein großes Blatt Papier und Kleber parat.

1. Setze dich bequem an einen Tisch in ruhiger Umgebung, schließe deine Augen und komme erstmal an, indem du tief ein- und ausatmest.
2. Öffne deine Augen wieder und schaue dir die Zeitschriften, Zeitungen oder Bücher an. Lass die Bilder und Wörter auf dich wirken und stoppe, wenn du etwas findest, das wichtige Werte in deinem Leben präsentiert. Das können Bilder oder Wörter sein, die für Liebe, Dankbarkeit, Mut, Freiheit, Harmonie oder Ehrlichkeit stehen. Möglicherweise stößt du sogar auf inspirierende Zitate. Schneide die entsprechenden Symbole aus und lege sie zur Seite.

3. Wenn du genügend Werte gefunden hast, mit denen du dich identifizierst, nimm das Blatt Papier zur Hand. Klebe nun alle ausgeschnittenen Elemente auf. Lass hier deiner Kreativität freien Lauf und gestalte alles so, wie es sich für dich richtig anfühlt. Du kannst auch mit Farben, Formen und Mustern arbeiten, damit alles noch individueller wird.
4. Schau dir deine fertige Werte-Collage an und lass sie auf dich wirken. Wie fühlst du dich in diesem Moment, da du die wichtigsten Werte, die dir als Grundpfeiler und Anker dienen, für dich ermittelt hast?

Lass es dir zu einer täglichen Gewohnheit werden, einen Blick auf die Werte-Collage zu werfen und deine Werte zu verinnerlichen. Natürlich kannst du die Collage auch jederzeit noch um weitere Werte ergänzen.

Gewohnheit SIEBEN

Formuliere deine Ziele in einem Zukunftsbrief

Was sind eigentlich die Ziele, die du für dein Leben hast? Wovon träumst du? Wonach strebst du? Was willst du unbedingt erreichen? Manchmal leben wir nur in den Tag hinein und es fällt uns schwer, genaue Ziele zu fokussieren. Das gilt vor allem im mittleren Lebensalter, wenn wir viele Ziele schon erreicht haben – Abitur, einen guten Job, Hochzeit, Kinder. Aber auch in jüngeren Jahren kann es dir schwerfallen, deine Ziele klar zu definieren. Dafür ist die nächste kleine Übung gedacht:

1. Setze dich an einen Tisch, lege dir ein Blatt Papier, dein Notiz- oder Tagebuch und einen Stift parat.
2. Nimm dir einen Moment, um dich zu sammeln und den Alltagsstress

ziehen zu lassen. Schließe dafür deine Augen und atme bewusst ein und aus.

3. Beschwöre vor deinen inneren Augen ein Bild herauf, das dich in fünf Jahren zeigt. Stell dir alles genau vor. Wie siehst du in fünf Jahren aus? Wo befindest du dich gerade? Was hast du heute noch vor?
4. Denke über alle wichtigen Bereiche deines Lebens nach – deine Karriere, deine Beziehung, deine Freundschaften, deine Gesundheit und deine persönliche Entwicklung. Was hast du alles erreicht? Wie fühlst du dich jetzt, wo du alle Träume verwirklicht hast?
5. Öffne deine Augen wieder und schreibe einen Brief an dich selbst aus der Zukunft. Beschreibe genau, was du alles erreicht hast und wie es sich für dich anfühlt, dass du deine Ziele verfolgt und verwirklicht hast. Drücke die Emotionen und Gedanken aus, die dein zukünftiges Ich dabei hat. Stelle dir genau vor, wie stolz und erfüllt du dich fühlst, wenn du auf die letzten fünf Jahre zurückblickst.
6. Lies dir den Brief, sobald er fertig ist, noch einmal laut vor. Spüre, wie dich die Gefühle und Worte im Inneren berühren. Vielleicht fühlst du jetzt auch eine tiefe, innere Motivation in dir aufsteigen, wenn du an dein zukünftiges Leben und deine Ziele denkst.
7. Kehre mit deinen Gedanken und Gefühlen langsam in den gegenwärtigen Moment zurück.

Du solltest nach dieser Übung nicht nur deine Ziele klarer vor Augen haben, sondern dich auch motivierter fühlen, sie zielstrebig zu verfolgen und für sie zu arbeiten. Deine Ziele können dir in schwierigen Zeiten als Ressource und Anker für dein Leben dienen, auf die du immer wieder zurückgreifen kannst.

Kapitel drei

Der innere Kompass – Resilienz durch Selbstregulation

Auch wenn es in deinem Alltag manchmal turbulent zugeht, hast du ein mächtiges Werkzeug zur Verfügung, das dich dabei unterstützen kann, Herausforderungen zu meistern und aus schwierigen Situationen mit Stärke hervorzugehen: Die Rede ist von deinem inneren Kompass. Wie resilient du bist – wie gut du dich nach Krisen und Rückschlägen erholen und aufrichten kannst –, ist eng mit deiner Fähigkeit zur Selbstregulation verknüpft. Dabei spielt dein innerer Kompass eine wichtige Rolle. Er wird auch als innere Stimme oder innerer Beobachter bezeichnet und steht in diesem Kapitel im Fokus.

Die innere Stimme hören lernen – wie hilft der innere Beobachter, resilienter zu werden?

Wenn du in der Lage bist, deinen inneren Kompass zu nutzen, kannst du deine Emotionen, Gedanken und Handlungen besser reflektieren und bewusster steuern. So wirst du Herausforderungen gegenüber resilienter. Es braucht etwas Übung, den inneren Kompass richtig zu nutzen, sodass du deine inneren Prozesse navigieren und adäquat auf Stress, Veränderungen und Belastungen reagieren kannst.

Deine innere Stimme kann dir dabei helfen, frühzeitig die Warnsignale für Stress und Überforderung zu erkennen, bevor die Belastung dich überwältigt. Außerdem kannst du den inneren Beobachter nutzen, um deine Selbstreflexion und Selbstwahrnehmung zu stärken und so deine emotionalen Reaktionen besser zu verstehen und angemessene Bewältigungsstrategien zu entwickeln. Er ist dein Wegweiser, um deine eigenen Bedürfnisse zu erkennen und dich gezielt um deine Gesundheit und dein Wohlbefinden zu kümmern.

Für die Selbstregulation ist der innere Beobachter ein wichtiges Instrument, das dich deine Handlungen und Emotionen effektiv steuern lässt. Wenn du in der Lage bist, deine innere Stimme zu hören, entwickelst du mit der Zeit auch die Fähigkeit, in angespannten Situationen einen Schritt zurückzutreten und deine Gefühle mit etwas Distanz zu betrachten. Dadurch wirst du emotional flexibler und kannst gelassener mit stressigen Situationen umgehen, ohne deinen Impulsen ausgeliefert zu sein. Er unterstützt dich auch dabei, dir deine inneren Überzeugungen bewusst zu machen, so dass du deine Handlungen und Entscheidungen besser mit deinen Zielen in Einklang bringen kannst. Auf lange Sicht führt das zu einer stabilen inneren Basis.

Den inneren Kompass verstehen und nutzen

Vielleicht fehlt dir anfangs der Zugang zu deinem inneren Kompass und du merkst im Alltag gar nicht, dass du gerade gestresst bist. Im Folgenden habe ich dir einige Tipps aufgelistet, die dir helfen, deine innere Stimme zu verstehen und zu nutzen:

- **Achtsamkeit entwickeln:** Der Schlüssel, um deinen inneren Kompass zu nutzen, ist die Achtsamkeit. Wenn du regelmäßig Achtsamkeitstechniken wie Atemübungen, Meditation oder Yoga praktizierst, kannst du den gegenwärtigen Moment bewusst erleben. Das hilft dir, deine Körperempfindungen, Gedanken und Gefühle wahrzunehmen und deine innere Stimme zu hören.
- **Selbstbeobachtung:** Versuche, ein Beobachter deiner eigenen Gedanken und Emotionen zu werden. Um dein eigenes Stresslevel zu ermitteln, solltest du Anzeichen wie Unruhe, Reizbarkeit, Erschöpfung, Schlafstörungen und Konzentrationsschwierigkeiten erkennen können. Das klappt durch regelmäßige Selbstbeobachtung.
- **Emotionale Distanzierung:** Es ist hilfreich, wenn du deine Emotionen mit Distanz betrachten kannst, damit sie dich nicht überwältigen. Übe regelmäßig, ein neutraler Beobachter deiner eigenen Gefühle zu sein. So kannst du deine Reaktionen auf stressige Situationen besser kontrollieren und steuern.
- **Körperliche Signale berücksichtigen:** Typische Anzeichen für Stress sind Muskelverspannungen, ein schneller Herzschlag, Magenbeschwerden oder Kopfschmerzen. Dein Körper gibt dir Hinweise, wenn du gestresst bist. Achte mit deinem inneren Beobachter auf ebendiese Signale.
- **Tagebuch schreiben:** Notiere in deinem Tagebuch täglich deine Erfahrungen und Emotionen. Dadurch erkennst du Muster und Auslöser für Stress. Das stärkt deinen inneren Kompass und hilft dir, in bestimmten Situationen angemessener zu reagieren.
- **Skala zur Beurteilung verwenden:** Bist du unsicher, wie stark du gerade gestresst bist? Dann versuche, eine Einteilung mit einer Skala von 1 bis 10 vorzunehmen. Eine niedrige Zahl steht für wenig Stress, während eine 10 auf starken Stress hindeutet.
- **Mit Stressbewältigungsmitteln arbeiten:** Hast du durch deinen inneren Beobachter festgestellt, dass du im Stress bist? Dann nutze nun effektive Stressbewältigungstechniken wie Bewegung, Meditation oder deine inneren und äußeren Ressourcen. Hole dir soziale Unterstützung, wenn das notwendig ist. So kannst du deinen Stress reduzieren.

- **An Ruhepausen denken:** Integriere regelmäßige Momente der Entspannung in deinen Alltag, um deine Akkus zu laden und dein Stresslevel gar nicht erst allzu stark steigen zu lassen.

Wenn du kontinuierlich die Praxis der Achtsamkeit und Selbstreflexion verfolgst, wirst du deinen inneren Kompass immer besser verstehen. Du kannst deine emotionalen Reaktionen bewusster wahrnehmen und letztlich deine Resilienz steigern. Ja, es erfordert viel Übung, aber im Laufe der Zeit kannst du auf diese Weise deinen inneren Kompass effektiv nutzen. Am Ende des Kapitels findest du kleine Gewohnheiten, die dir dabei helfen, deinen inneren Beobachter sinnvoll einzusetzen.

Der innere Beobachter – die eigenen Emotionen mit Distanz wahrnehmen

Die emotionale Distanzierung fällt am Anfang vielen Menschen schwer. Wir neigen dazu, uns mit unseren Emotionen zu identifizieren und sie als Teil unserer Identität zu betrachten. Sie wirken so vertraut, dass es uns kaum möglich ist, sie objektiv zu betrachten. Oftmals laufen emotionale Reaktionen in einer stressigen oder emotional aufgeladenen Situation automatisch ab. Das gilt gerade bei intensiven Emotionen wie Wut, Angst oder Trauer. Diese Gefühle machen dich verletzlich und können dich leicht überwältigen. Deshalb ist es beängstigend, sie bewusst wahrzunehmen, weshalb du sie vielleicht lieber verdrängst.

Ebenso können dich Gedankenmuster, die du über Jahre hinweg erlernt hast, in einem negativen Gedankenkreis gefangen halten. Dann ist es nur schwer möglich, einen Schritt zurückzutreten und zum neutralen Beobachter deiner Gefühle zu werden. Du solltest dennoch nicht gleich aufgeben, wenn es dir nicht sofort gelingt, eine Distanz zu deinen Gefühlen aufzubauen und sie aus einer neutraleren, beobachtenden Perspektive zu betrachten. Man kann es lernen!

Die folgenden Tipps können dich dabei unterstützen:

1. **Erkenne deine Emotionen.** Der erste Schritt besteht darin, deine

momentanen Emotionen bewusst wahrzunehmen. Achte auf die Empfindungen, die mit einem Gefühl verbunden sind, wie etwa ein schneller Herzschlag bei Wut oder ein beklemmendes Gefühl im Magen bei Angst.

2. **Beobachte deine Gedanken.** Nimm wahr, welche Gedanken unmittelbar auf deine Emotionen folgen. Gefühle sind meist stark mit Gedanken verknüpft und können die Emotionen verstärken oder auch abschwächen.
3. **Bleibe neutral.** Stell dir vor, dass du ein neutraler Beobachter deiner eigenen Gedanken und Emotionen bist. Löse dich von Urteilen und Bewertungen. Versuche Aussagen wie „Ich bin so schwach, weil ich immer wieder Angst habe“ oder „Ich muss mich beruhigen, es gibt keinen Grund für diese Wut“ zu vermeiden. Trainiere, deine Gefühle einfach nur wahrzunehmen, ohne sie zu beurteilen.
4. **Arbeite mit der Ich-Beobachter-Sprache.** Das ist eine Technik, die bei der emotionalen Distanzierung äußerst hilfreich ist. Sage dir statt „Ich bin ängstlich“ also beispielsweise: „Ich stelle fest, dass sich Angst in mir breit macht.“ Diese einfache sprachliche Verschiebung hilft dir dabei, dich nicht so stark mit deinen Emotionen zu identifizieren.
5. **Atme bewusst.** Es wirkt beruhigend, tiefe Atemzüge zu nehmen und deine Aufmerksamkeit auf deine Atemfrequenz zu legen. Dadurch kannst du einen klaren Kopf bewahren und zentriert bleiben, während du deine Emotionen beobachtest.
6. **Vermeide impulsive Reaktionen.** Wenn eine Situation dich wütend macht, willst du am liebsten sofort explodieren. Besser ist es, dir einige Momente zum Durchatmen zu geben. Dann kannst du viel angemessener auf die Situation reagieren und impulsive Entscheidungen verhindern.

Für die emotionale Distanzierung ist es von großer Bedeutung, eine regelmäßige Achtsamkeitspraxis zu üben. Je häufiger du trainierst, desto einfacher wird es für dich, Emotionen distanziert zu beobachten, ohne dich von ihnen überwältigen zu lassen.

KLEINE GEWOHNHEITEN ZU KAPITEL 3: DEN INNEREN BEOBACHTER NUTZEN LERNEN

Du weißt nun, was dein innerer Kompass ist und wie du ihn im Alltag nutzen und dadurch deine Resilienz stärken kannst. Dennoch kann es anfangs sehr schwierig sein, den Zugang zum inneren Beobachter zu finden und den inneren Kompass effektiv einzusetzen. Deshalb findest du in diesem Abschnitt sechs kleine Gewohnheiten für deinen Alltag. Wendest du sie regelmäßig an, wird es immer leichter für dich werden, auf deine innere Stimme zu hören, dein Stresslevel zu erkennen und auf starke Gefühle angemessen zu reagieren.

Bleib dran, auch wenn dir die Umsetzung der Übungen am Anfang schwerfallen sollte! Automatisierte Gedankenkreise und fest in deinem Gehirn verankerte Reaktionen lassen sich nicht von heute auf morgen abtrainieren. Du brauchst dafür Zeit und Geduld. Die einzelnen Gewohnheiten nehmen nur wenige Minuten in Anspruch und sind sehr effektiv, vor allem, wenn du regelmäßig übst.

Gewohnheit EINS

Leichte Distanz zu den eigenen Emotionen aufbauen

Diese Übung kannst du sitzend, liegend oder auch stehend durchführen. Wichtig ist, dass du während der gesamten Übung ungestört bist und eine Position einnimmst, die für dich bequem ist. Lass jetzt eine kleine Gedankenreise beginnen:

1. Schließe deine Augen und komme erst einmal im Hier und Jetzt an. Dafür konzentrierst du dich zunächst auf deine Atmung. Spüre, wie du tief durch die Nase einatmest, halte die Luft einige Sekunden an und lass den Atem dann ganz langsam durch den Mund wieder aus deinem Körper fließen. Du kannst dir dabei vorstellen, wie du bei jedem Atemzug Ruhe, Entspannung und Gelassenheit einatmest. Beim Ausatmen sagst du dir bewusst „Ich lasse alles los", um dich von sämtlichem Stress zu befreien.
2. Stell dir vor, wie du auf einem Weg entlang durch einen wunderschönen Wald läufst. Male dir den Wald so genau wie möglich aus. Achte auf die Farben, die Gerüche, die Geräusche und die Gefühle, die du bei deinem Waldspaziergang empfindest.
3. Du kommst an einem kleinen Fluss an. Du spürst, wie die Umgebungstemperatur durch den Fluss angenehm kühl wird und hörst das leise Plätschern des Wassers.
4. Auf der anderen Seite des Flusses steht ein großer Laubbaum, der sich durch seine leuchtend grünen Blätter von allen anderen Bäumen des Waldes abhebt. Das ist dein Gefühlsbaum.
5. Beobachte, wie der Wind immer wieder einige der Blätter von den Zweigen weht. Sie flattern langsam herunter und landen im Fluss.
6. Sieh von deinem Standpunkt aus zu, wie deine Gefühlsblätter auf

der Wasseroberfläche immer weitertreiben. Jedes Blatt steht für eine Emotion, die sich mit der Strömung des Wassers weiterbewegt. Beobachte die Blätter aus der Ferne, ohne sie zu analysieren oder zu bewerten.

7. Vielleicht kannst du ein besonders großes, intensives oder belastendes Emotionsblatt entdecken. Dann nimm dir einen Moment, um es aus der Distanz etwas genauer zu beobachten. Flüstere den Namen der Emotion leise vor dich hin: „Ärger“, „Angst“, „Scham“... Du musst nicht ins Wasser steigen und das Blatt herausnehmen. Bleib weiterhin am Ufer stehen und schau zu, wie das Blatt weiter auf dem Fluss treibt, ohne dich davon mitreißen zu lassen.
8. Nach und nach verschwinden alle Gefühlsblätter aus deinem Sichtfeld. Wenn der Wind noch einmal neue Blätter hinabweht, kannst du diese ebenfalls beobachten, bis sie irgendwann nicht mehr zu sehen sind. Erkenne, dass sich deine Gefühle genau wie die Blätter auf dem Fluss verhalten. Sie kommen und gehen, während dein innerer Beobachter sie achtsam wahrnimmt, ohne sich daran zu klammern oder sie festzuhalten.
9. Verabschiede dich von deinem Gefühlsbaum und kehre langsam in die Wirklichkeit zurück. Nimm dafür drei bewusste Atemzüge. Bewege deine Finger, deine Hände, deine Zehen und deine Füße. Öffne die Augen und spüre den Gefühlen und Gedanken, die diese Übung in dir ausgelöst hat, noch für einen Moment nach.

Wenn du möchtest, kannst du in dein Tagebuch oder Notizbuch schreiben, welche Blätter in der Übung heute besonders groß waren. Notiere, wie es sich angefühlt hat, trotz allem die Distanz zu diesen Gefühlsblättern zu wahren. Je häufiger du diese Übung absolvierst, desto leichter wird es deinem inneren Beobachter fallen, auch im Alltag Gefühle aus der Distanz wahrzunehmen, sodass du nicht mehr so leicht von ihnen überwältigt wirst.

Gewohnheit ZWEI

Den inneren Beobachter wahrnehmen lassen

Mache diese Übung an einem ruhigen Ort in der Natur. Das kann dein eigener Garten, der Stadtpark oder eine Lichtung im Wald sein. Wähle einen Platz, an dem du dich wohlfühlst und ungestört bist.

1. Stelle dich aufrecht hin, schließe die Augen und nimm einige tiefe Atemzüge. Atme durch die Nase ein und lange und geräuschvoll durch den Mund wieder aus. Spüre den Kontakt deiner Füße mit dem Boden. Entspanne deine Muskeln. Lass die Schultern sanft herabhängen, lass die Finger locker und glätte deine Stirn. Komme im gegenwärtigen Moment mit all deinen Sinnen an.
2. Öffne nun ganz sanft wieder die Augen. Beginne, langsam zu gehen. Starte deinen Spaziergang in einem gemächlichen Tempo und nimm dabei deine Umgebung ganz bewusst wahr. Achte auf die Farben der Bäume und Blätter, konzentriere dich auf die Geräusche und benenne die Gerüche, die du wahrnehmen kannst. Bleibe in deiner Rolle als Beobachter und bewerte nicht, während du gehst.
3. Stelle dir jetzt vor, dass du nicht allein durch die Natur spazierst. An deiner Seite ist ein achtsamer Begleiter – dein innerer Beobachter. Du kannst ihn dir ausmalen, wie du möchtest – als Figur, inspirierende Persönlichkeit, Tier oder Symbol. Was dir zuerst in den Kopf kommt, ist richtig. Dein Begleiter ist liebevoll, empathisch und unvoreingenommen.
4. Während ihr gemeinsam weitergeht, könnt ihr euch gedanklich unterhalten. Stelle deinem inneren Beobachter ein paar Fragen, wie zum Beispiel:

- „Was nimmst du in der Umgebung wahr?"
- „Welche Gedanken beschäftigen dich gerade?"
- „Welche Emotionen spürst du?"
- „Wie fühlt sich dein Körper gerade an?"

5. Da dein innerer Beobachter ein Teil von dir ist, werden dir seine Antworten wertvolle Rückschlüsse auf deinen emotionalen Zustand liefern. Lausche ihm achtsam. Die Antworten können als Bilder, Gefühle oder Eingebungen in dir auftauchen.
6. Höre zu, wie dein Begleiter dich ermutigt, alles ohne Beurteilungen wahrzunehmen und dir alles anzusehen, was du bemerkst. Öffne dich für die Eindrücke und Erkenntnisse, die dein innerer Beobachter dir in dieser Situation mitteilen möchte.
7. Kehre langsam zu deinem Ausgangspunkt zurück. Bedanke dich liebevoll bei deinem Begleiter und lass ihn wieder mit dir verschmelzen.
8. Finde den Weg zurück in die Gegenwart, indem du noch einmal drei bewusste Atemzüge nimmst und die Übung in dir nachklingen lässt.

Wenn du möchtest, kannst du daheim in deinem Tagebuch oder Notizbuch aufschreiben, was dieser Spaziergang mit deinem inneren Beobachter in dir ausgelöst hat. Wenn du regelmäßig mit deinem inneren Beobachter spazieren gehst, stärkst du deine Selbstreflexion und die Fähigkeit zur distanzierten Beobachtung deiner Umgebung.

Gewohnheit DREI

Ressourcen nutzen, um dich selbst zu regulieren

Bei dieser Übung lernst du, gemeinsam mit deinem inneren Kompass auf Schatzsuche zu gehen. Dabei stehen deine Ressourcen im Fokus, die du nutzen kannst, um dich selbst zu regulieren und deine Resilienz zu stärken. Die kleine Gewohnheit dauert nicht mehr als sechs Minuten und kann drinnen oder draußen durchgeführt werden. Achte darauf, dass du ausreichend Platz hast, und wähle eine entspannte Umgebung. Du kannst dich entweder hinsetzen oder hinlegen.

1. Schließe deine Augen und nimm ein paar tiefe, bewusste Atemzüge. Dadurch kannst du alle Anspannungen loslassen und dich nur noch auf den gegenwärtigen Moment konzentrieren. Lass deinen Atem dann wieder wie gewohnt fließen und beobachte noch für einige Augenblicke deine Atmung, ohne etwas daran zu verändern.
2. Heute gehst du gemeinsam mit deinem inneren Beobachter auf Schatzsuche. Er wird dich dabei unterstützen, deine eigenen Ressourcen zu finden, die bei deiner Selbstregulation helfen und deine Resilienz stärken.
3. Stell dir vor, du bewegst dich gemeinsam mit deinem inneren Beobachter durch eine malerische Landschaft. Du kannst dir auch ausmalen, wie du einen Kompass in der Hand hältst, der dich zu verschiedenen Orten führt. Diese stehen für deine Ressourcen. Vielleicht führt dein Kompass dich an einen friedvollen Strand, der für deine innere Ruhe steht. Vielleicht führt er dich auch in einen blühenden Garten der Freude oder auf einen hohen Berg, der deine innere Stärke repräsentiert. Egal, wohin dein Weg dich führt, erlebe den Ort mit all deinen Sinnen und nimm ihn mit sämtlichen Details wahr.
4. Sammle an jedem Ort ein paar symbolische Gegenstände, die für deine Ressourcen stehen. Das kann zum Beispiel eine Muschel am Strand sein, die deine innere Gelassenheit ausdrückt, oder eine bunte Blume im Garten, die für deine Kreativität steht. Auf dem hohen Berg findest du vielleicht einen Ast, der dein Durchhaltevermögen repräsentiert. Sammle in Gedanken alle Gegenstände ein, damit du sie in deine Schatztruhe legen kannst.
5. Kehre in Gedanken zurück zum Ausgangspunkt. Öffne deine Schatzkiste und lege alles, was du heute gesammelt hast, hinein. Höre zu, wie dein innerer Beobachter dich daran erinnert, dass du zu diesen

Ressourcen jederzeit Zugang hast, um dich selbst zu regulieren.
6. Bedanke dich liebevoll bei deinem inneren Beobachter dafür, dass er dich auf deiner Reise begleitet hat. Nimm dir noch einen Moment Zeit, eine tiefe Verbundenheit zu deinen heute gesammelten Ressourcen in der Schatztruhe zu spüren.
7. Kehre in den aktuellen Moment zurück, indem du dreimal bewusst ein- und ausatmest. Öffne dann deine Augen wieder.

Führe die Schatzsuche mit deinem inneren Beobachter regelmäßig durch – vor allem dann, wenn du den Blick für deine eigenen Ressourcen etwas verloren hast. Dadurch, dass du an den verschiedenen Orten die symbolischen Gegenstände sammelst, kannst du dir deiner inneren Fähigkeiten und Stärken wieder mehr bewusst werden.

Gewohnheit VIER

Den inneren Beobachter auf kreative Weise kennenlernen

Jetzt wird es kreativ. Für die Übung brauchst du ein Blatt Papier auf einer festen Unterlage, einen Handspiegel und Stifte. Setze dich bequem auf einen Stuhl an einen Tisch und lege alle Hilfsmittel parat. Schließe deine Augen für einen Moment und atme langsam ein und wieder aus. Komme auf diese Weise im Hier und Jetzt an und lass all deine Sorgen und allen Stress hinter dir. Öffne deine Augen anschließend wieder und lass die kreative Reise zu dir selbst beginnen.

1. Schau dir fest in die Augen und schenke dir das breiteste Lächeln. Auch, wenn dir vielleicht gerade nicht danach ist: Lächle dich so lange an, bis das Lächeln echt wird und du ein leises Glücksgefühl in dir spürst.

2. Stell dir vor, dass du nicht dich selbst anblickst, sondern durch deine Augen in deine Seele schaust. Dort siehst du deinen inneren Beobachter, der dich mitfühlend betrachtet. Spüre seine Weisheit und Präsenz ganz intensiv.
3. Nimm nun dein Blatt Papier und beginne, dein eigenes Porträt zu zeichnen. Es muss gar nicht perfekt sein! Lass deiner Kreativität freien Lauf und versuche, deine inneren Empfindungen auszudrücken, während du zeichnest.
4. Stelle dir dabei vor, dass dein innerer Beobachter dir mitteilt, welche Gefühle er in deinem Gesicht wahrnimmt. Lausche den spontanen inneren Eingebungen, die du in diesem Moment hast. Dränge deinen inneren Beobachter nicht, sondern gib ihm Raum, sich dir mitzuteilen. Versuche, alles in deinem Porträt festzuhalten.
5. Bist du mit deiner Zeichnung zufrieden, betrachte sie einen Moment. Lass dich dabei von deinem inneren Beobachter führen, damit du erkennst, welche Ressourcen und Stärken du in deinem kreativen Selbstbildnis wahrnehmen kannst. Notiere dir dies stichpunkthaft neben deiner Zeichnung.
6. Bedanke dich bei deinem inneren Beobachter dafür, dass er dir heute wertvolle Einsichten über dich selbst vermitteln konnte.
7. Beende die Übung. Nimm dir noch einen Augenblick Zeit, um der Übung nachzuspüren. Verinnerliche dir das Gefühl der Stärke, das du spürst, wenn du dein kreatives Porträt ansiehst.

Diese kurze Übung bietet dir die Möglichkeit, auf kreative Weise Kontakt zu deinem inneren Beobachter herzustellen und deine Stärken und Fähigkeiten durch das Malen deines Porträts auszudrücken. Du betrachtest dich dabei selbst liebevoll und lässt dich von deiner inneren Stimme führen. So festigst du eine tiefe Verbindung zu deinen Talenten und Stärken und steigerst mit dieser kreativen Selbstreflexion deine Resilienz.

Gewohnheit FÜNF

Den inneren Beobachter durch Bewegung schulen

Manche Menschen bekommen am besten einen Draht zu ihrem inneren Beobachter, wenn sie sich gleichzeitig körperlich betätigen. Hast du mit den anderen Übungen Schwierigkeiten oder hast du das Gefühl, dass du die Verbundenheit zu deinem inneren Kompass noch weiter festigen möchtest? Dann probiere diese kleine Yoga-Übung aus.

1. Setze dich bequem auf einen Stuhl. Fokussiere dich mit einigen tiefen Atemzügen und konzentriere dich nur auf den gegenwärtigen Moment. Spüre, wie deine Füße mit dem Boden Kontakt haben und fühle, wie dein Körper auf dem Stuhl ruht.
2. Achte darauf, an welchen Stellen dein Körper überall den Stuhl berührt und wie er sich heute anfühlt. Entspannt oder angespannt? Warm oder kalt? Wach oder müde? Nimm dir eine Minute für eine kleine gedankliche Reise durch deinen Körper.
3. Führe ein paar sanfte Bewegungen durch, um deinen Körper zu lockern. Lass die Schultern kreisen, dehne deinen Nacken nach links und nach rechts und neige den Oberkörper vorsichtig einmal zu jeder Seite. Achte dabei auf deine innere Stimme, indem du dich darauf konzentrierst, wie sich dein Körper vor, während und nach den Bewegungen anfühlt. Kannst du einen Unterschied wahrnehmen? Beobachte diese Empfindungen mit deinem inneren Kompass ganz liebevoll, ohne sie zu bewerten. Ein Richtig oder Falsch gibt es nicht.
4. Nimm eine aufrechte Sitzposition ein, um dich auf die „Himmel-und-Erde"-Übung vorzubereiten. Hebe beide Arme nach oben und atme tief ein. Lass sie dann wieder nach unten sinken, während du langsam und bewusst ausatmest. Wiederhole die Übung einige Male

und spüre intensiv, wie sich dein Körper dabei anfühlt.

5. Lege beide Hände auf dein Herz und fühle deinen Herzschlag. Lass deinen inneren Beobachter wahrnehmen, wie sich dein Brustkorb mit jeder Einatmung ausdehnt und mit jeder Ausatmung wieder zusammenzieht.
6. Kehre zurück ins Hier und Jetzt. Nimm dir noch einen Moment Zeit, um die Verbundenheit zu deinem inneren Beobachter und deinem Körper zu spüren.

Die Übung ist perfekt für zwischendurch, etwa während der Mittagspause auf der Arbeit. Dadurch, dass du deinen inneren Beobachter in die Übung einbeziehst, baust du eine tiefe Verbindung zu deinen Empfindungen auf und stärkst dein Körpergefühl. Die bewusste Selbstwahrnehmung verbessert nachhaltig deine Resilienz.

Gewohnheit SECHS

Der Dialog mit der inneren Stimme

Diese kurze Übung ist gut geeignet, um einen kreativen Dialog mit deinem inneren Beobachter zu führen. Du benötigst dafür dein Tage- oder Notizbuch und einen Stift. Führe die Übung an einem ruhigen Ort durch und stelle sicher, dass du für ungefähr sechs Minuten ungestört bist.

1. Schließe kurz die Augen und atme bewusst ein und aus, damit dein Kopf zur Ruhe kommt.
2. Stell dir vor, wie du einen Raum betrittst, der nur für die Begegnung mit deinem inneren Beobachter gedacht ist. Gestalte den Raum mit deiner Vorstellung ganz so, wie es dir beliebt – als Platz am Strand, gemütliches Zimmer oder Waldlichtung oder...
3. Öffne die Augen wieder und greife zu Stift und Papier. Tritt mit dem inneren Beobachter in den Austausch, indem du ihm eine Frage stellst. Diese könnte lauten: „Was möchtest du mir heute mitteilen?" Andere mögliche Fragen wären: „Welche Ressourcen habe ich, um die aktuelle Herausforderung zu bewältigen?" oder „Was habe ich heute besonders gut gemacht?"
4. Lausche auf die Antworten, die dein innerer Beobachter dir ganz intuitiv geben wird. Notiere diese und lass deine Hand ohne Zögern über das Papier gleiten.
5. Stelle deinem inneren Beobachter weitere Fragen, die dir gerade auf der Seele brennen, und notiere alle Antworten. Sei offen für alles, was an Fragen und Antworten auftaucht und fühle dich frei, in den tiefen Dialog einzutauchen.
6. Bedanke dich bei deinem inneren Beobachter für seine Zeit. Spüre die innige Verbindung zu ihm und verabschiede dich liebevoll.
7. Lies deine Notizen, die du während des Dialogs gemacht hast, und spüre, was deine Worte nun in dir auslösen. Schreibe die Erkenntnisse auf, die du heute durch das Gespräch gewonnen hast.

Wenn du dir regelmäßig Zeit für den Dialog mit deiner inneren Stimme nimmst und mit ihr in den Austausch gehst, stärkst du deine Selbstreflexion und Achtsamkeit. Du gewinnst wertvolle Einsichten, die deine Resilienz unterstützen.

Kapitel vier

Herausforderungen meistern

Egal, wie sehr wir uns das manchmal wünschen – das Leben mutet uns einiges an Herausforderungen zu. Es ist ein ständiger Prozess des Wandels und egal, ob es soziale, persönliche, wirtschaftliche oder technologische Veränderungen sind, sie gehören zu unserem Alltag dazu. Immer wieder kommen wir in neue Situationen und Umstände, mit denen wir umgehen und an die wir uns anpassen müssen.

Jede Veränderung kann eine kleine oder große Herausforderung für dich sein, doch sie bietet dir die Möglichkeit, zu lernen und persönlich zu wachsen. Wenn du mit Schwierigkeiten konfrontiert wirst, bleibt dir nichts anderes übrig, als neue Fähigkeiten zu entwickeln, deine Grenzen zu sprengen und kreative Lösungen zu finden. Versuche, die Unsicherheiten des Lebens als Chance wahrzunehmen. Eine starke Resilienz wird dir dabei helfen.

Dieses Kapitel hilft dir zu verstehen, warum wir mit Veränderungen oft so schwer umgehen können und wie es uns dennoch gelingt, den Umgang mit Unsicherheiten und Veränderungen zu meistern. Für diesen Zweck findest du am Ende des Kapitels wie immer einige kurze Gewohnheiten, die du in deinen Alltag integrieren kannst, um Herausforderungen mithilfe einer ausgeprägten Resilienz zu bewältigen und gestärkt aus ihnen hervorzugehen.

Warum wir mit Veränderungen oft schwer umgehen können

Gerade, wenn du noch keine ausgeprägte Resilienz entwickeln konntest, hast du womöglich Schwierigkeiten im Umgang mit Veränderungen und Unsicherheiten. Dafür gibt es verschiedene Gründe:

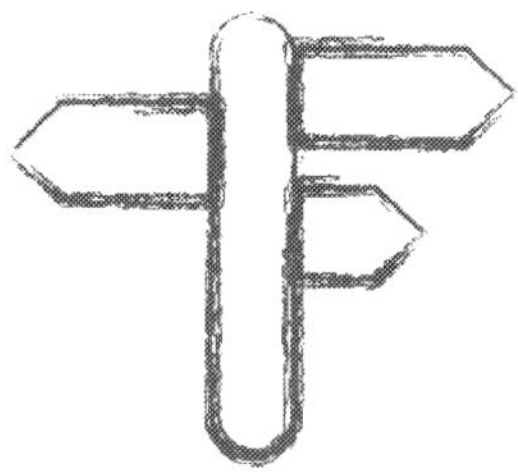

- **Du empfindest Unsicherheiten als emotional belastend.** Du hast Angst vor dem Unbekannten und sorgst dich darum, wie sich die Dinge entwickeln werden. Starke Emotionen wie Angst, Stress und Panik können aus diesen Gedanken resultieren. Fehlt dir eine gute Resilienz, kann es schwierig für dich sein, diese Emotionen anzunehmen und dich nicht von ihnen überwältigen zu lassen.
- **Du hast eine unzureichende Anpassungsfähigkeit.** Wenn du resilient bist, kannst du dich gut an neue Situationen anpassen und somit auf Veränderungen einstellen. Fehlt es dir an Resilienz, fühlst du dich vielleicht hilflos oder überfordert, wenn deine Lebensumstände sich verändern oder aktuell unsicher sind. Der Mangel an Anpassungsfähigkeit beeinträchtigt das Selbstvertrauen. Er gibt dir das Gefühl, keine Kontrolle über dein eigenes Leben zu haben.
- **Du gibst dich negativen Gedankenmustern hin.** Menschen, die keine ausgeprägte Resilienz haben, verfallen schnell in negative Denkmuster – gerade, wenn sie mit Unsicherheiten und Veränderungen konfrontiert werden. Sie sind pessimistisch, konzentrieren sich auf das Worst-Case-Szenario und nehmen immer das Schlimmste an. Daraus kann sich eine Spirale negativer Gedanken entwickeln, aus der du nicht so schnell wieder herauskommst. Diese Gedankenmuster beeinträchtigen deine Stressbewältigungsfähigkeit erheblich

und verhindern, dass du kreative Lösungen für dein Problem findest.

- **Dir fehlt ein soziales Netzwerk.** Die meisten resilienten Menschen haben ein unterstützendes soziales Netzwerk, auf das sie sich auch in stressigen und unsicheren Zeiten verlassen können. Dein soziales Umfeld kann dir emotionale Unterstützung, praktische Hilfe und Ratschläge geben. Fehlt dir dieses Netzwerk, fühlst du dich schnell alleingelassen.
- **Deine Stressbewältigungsmechanismen arbeiten nicht gut.** Resilienz heißt auch, Stress zu bewältigen und dich von Rückschlägen zu erholen. Ist deine Resilienz eher gering ausgeprägt, fällt der Umgang mit Stress dir schwer. Oft sind Veränderungen und Unsicherheiten aber mit Stress verbunden, weshalb negative Folgen für die psychische und physische Gesundheit drohen, wenn du keine guten Stressbewältigungsmechanismen erlernt hast.

Nur, wer eine gute Resilienz hat, kann Herausforderungen mit innerer Stärke, Selbstvertrauen und Flexibilität angehen. Wenn du bisher das Bedürfnis hast, bei Veränderungen und Unsicherheiten lieber den Kopf in den Sand zu stecken, dann arbeite an deiner Resilienz! Das wird dir dabei helfen, alle Herausforderungen deines Lebens besser zu bewältigen und gestärkt aus Ihnen hervorzugehen.

Nicht jede Veränderung ist eine Gefahr

Wenn Veränderungen für dich gefährlich und beängstigend sind und du sie meidest, kann es sein, dass du einiges verpasst in deinem Leben.

- **Verpasste Chancen:** Du erkennst die Chancen und Möglichkeiten nicht, die sich aus einer Veränderung ergeben können, wenn du sie von vornherein als Gefahr empfindest. Dadurch bist du in deiner beruflichen und persönlichen Entwicklung eingeschränkt.
- **Angst und Stress:** Nimmst du jede Veränderung als Bedrohung wahr, erhöht sich dein Angst- und Stresslevel. Du lebst in permanenter Sorge vor dem Unbekannten. Dadurch kannst du mit Unsicherheiten kaum umgehen.

- **Stagnation:** Du fürchtest dich vor Veränderungen und bleibst lieber in deiner Komfortzone. Du unternimmst keine Schritte, um neue Erfahrungen zu sammeln oder dich weiterzuentwickeln.
- **Soziale Isolation:** Lehnst du Veränderungen ab, grenzt du dich womöglich von anderen Menschen ab, die Veränderungen positiv gegenüberstehen. Das kann zu einer sozialen Isolation führen.
- **Negatives Denken:** Bist du jeder Veränderung gegenüber ängstlich eingestellt, drohst du, in einen negativen Gedankenstrudel zu rutschen. Das beeinträchtigt deine allgemeine Lebenszufriedenheit und im schlimmsten Fall das psychische Wohlbefinden.

Den Umgang mit Unsicherheiten und Veränderungen meistern

Es gibt verschiedene psychologische und praktische Ansätze, die dir dabei helfen, besser mit Unsicherheiten und Veränderungen umzugehen und Herausforderungen zu bewältigen. Hier sind einige Strategien, die dich unterstützen können, wenn du Schwierigkeiten mit unvorhersehbaren Veränderungen in deinem Leben hattest:

- **Akzeptanz:** Mache dir bewusst, dass Veränderung ein Teil des Lebens ist. Versuche nicht, gegen die Veränderung anzukämpfen oder sie dir einfach wegzuwünschen. Betrachte sie vielmehr als persönliche Chance für neue Möglichkeiten und dein individuelles Wachstum.
- **Resilienz:** Eine bessere Resilienz wird dir helfen, mit Herausforderungen in deinem Leben gut umzugehen. Du kannst dich besser anpassen, mit Stress einfacher umgehen und Rückschläge bewältigen.
- **Positive Denkweise:** Lerne, negative Gedankenmuster als solche zu erkennen und ins Gegenteil umzukehren. Übe täglich! Lenke deinen Fokus auf Lösungen, Chancen und Möglichkeiten, statt nur das Negative zu sehen und das Schlimmste zu erwarten.
- **Selbstfürsorge:** Achte auf deine emotionale und körperliche Gesundheit. Schlafe ausreichend, ernähre dich ausgewogen, bewege dich regelmäßig und gönne dir Zeit für Selbstreflexion und Entspannung.
- **Achtsamkeit:** Mit regelmäßigen Achtsamkeitsübungen lernst du, mehr im gegenwärtigen Moment zu leben. Du verstehst deine eigenen

Gedanken und Emotionen besser, kannst Stress reduzieren und lässt dich von Unsicherheiten nicht mehr so leicht aus der Bahn werfen.

- **Soziales Netzwerk:** Vertraue dich Freunden oder der Familie an, wenn du Sorgen oder Ängste hast. Versuche, neue Freunde zu finden oder Bekanntschaften zu pflegen, um Freundschaften daraus entstehen zu lassen. Ein starkes soziales Netzwerk bedeutet emotionalen Rückhalt und wird dir helfen, mit Herausforderungen besser umzugehen.
- **Planung:** Nicht immer, aber manchmal ist es möglich, etwas im Voraus zu planen. Einige Veränderungen sind absehbar. Das bietet dir die Chance, dich auf sie vorzubereiten. Auf diese Weise bekommst du das Gefühl der Kontrolle zurück, was deine Ängste reduzieren kann.
- **Erfahrungen:** Finde heraus, was du aus den Erfahrungen in deinem Leben gelernt hast und nutze das Wissen, um mit kommenden Herausforderungen besser umzugehen.

KLEINE GEWOHNHEITEN ZU KAPITEL 4: DEN BLICKWINKEL VERÄNDERN UND CHANCEN ERKENNEN – SICH IMMER WIEDER IN EINEN AUSGEGLICHENEN ZUSTAND BRINGEN

Um Herausforderungen als Chancen zu erkennen, braucht es einiges an Übung. Bleib am Ball, damit Unsicherheiten und Herausforderungen dich nicht mehr so irritieren und du es schaffst, dich immer wieder in einen ausgeglichenen Zustand zu bringen.

Ich habe einige Gewohnheiten für dich mitgebracht. Die Übungen sind kurz gehalten und nehmen nicht mehr als sechs Minuten in Anspruch. Praktizierst du diese Übungen regelmäßig, lernst du, wie du durch eine bessere Resilienz Herausforderungen als Chance für deine persönliche Entwicklung betrachten kannst. Außerdem werden unangenehme Emotionen wie Ängste und Sorgen dich nicht mehr so leicht überwältigen.

Gewohnheit EINS

Angstbilder erkennen

Jeder Mensch hat Ängste, aber manchmal nehmen diese überhand und blockieren uns regelrecht. Die folgende Übung kann dir dabei helfen, deine Ängste zu erkennen und deine positiven Ressourcen zu nutzen, um einen Ausgleich zu schaffen und dein Stresslevel zu senken.

1. Lege oder setze dich bequem hin – je nachdem, was sich heute für dich besser anfühlt.
2. Schließe deine Augen und konzentriere dich auf deine Atmung. Atme durch die Nase ein und langsam durch den Mund wieder aus. Fühle,

wie der Atem in deinen Körper hinein- und wieder hinausströmt. Bringe deinen Geist zur Ruhe und lege deine Aufmerksamkeit auf den gegenwärtigen Moment.

3. Beobachte deine Gedanken. Erkenne, welche Unsicherheiten und Ängste dich beschäftigen, ohne diese zu bewerten. Nimm wahr, welche Gefühle dadurch ausgelöst werden und finde heraus, welche Situationen oder Veränderungen die Ängste verursachen.
4. Visualisiere jede Angst als einzelnes Bild oder Symbol. Stell dir vor, wie du das Symbol in einen Luftballon einschließt, den du an seiner Schnur festhältst.
5. Erinnere dich an deine innere Stärke und deine positiven Ressourcen. Denke an eine Situation, in der du schon einmal eine Herausforderung gemeistert und dich dann stark und selbstbewusst gefühlt hast. Spüre, wie sich die Kraft und Zuversicht noch einmal in dir ausbreiten.
6. Sage folgenden Satz einige Male in Gedanken oder laut auf: „Ich kann mit Herausforderungen und Veränderungen umgehen. Ich habe es schon einmal geschafft und ich werde es wieder schaffen. Ich bin stark."
7. Nutze deine innere Stärke, um die Ängste, die in deinen Luftballons eingeschlossen sind, loszulassen.
8. Atme tief ein. Stell dir beim Ausatmen vor, wie du den ersten Luftballon sanft und liebevoll loslässt. Beobachte, wie er sich mitsamt der darin eingeschlossenen Angst immer weiter entfernt und schließlich ganz verschwindet.
9. Verfahre so mit jedem weiteren Luftballon, den du noch festhältst, bis schließlich alle mit Ängsten gefüllten Ballons in den Himmel gestiegen sind.
10. Komme zurück ins Hier und Jetzt. Öffne deine Augen und spüre der Übung noch einmal nach. Wenn du möchtest, kannst du gerne in dein Notiz- oder Tagebuch schreiben, wie du dich jetzt fühlst.

Wiederholst du diese Übung regelmäßig, fördert das deine Resilienz. Du lernst, besser mit Ängsten umzugehen und lässt dich von Unsicherheiten und Veränderungen nicht mehr so schnell aus der Bahn werfen.

Gewohnheit ZWEI

Akzeptanz im Jetzt, um Distanz zu schaffen

Wenn du im Jetzt akzeptieren kannst, was passiert und dass sich Veränderungen nicht vermeiden lassen, kannst du eine Distanz zu deinen Problemen schaffen. Nutze deine Ressourcen, um ein Gleichgewicht zu erzielen und mit einem neuen Blickwinkel auf dein Problem zu schauen. Mit der folgenden Übung lernst du, einen Perspektivwechsel hinzubekommen. Setze dich bequem an einen ruhigen Ort, an dem du für die nächsten sechs Minuten ungestört bist, und führe nacheinander folgende Schritte aus:

1. Gönne dir einen kleinen Achtsamkeitsmoment, indem du die Augen schließt und tief ein- und ausatmest. Damit lenkst du deine gesamte Aufmerksamkeit nur auf den aktuellen Moment. Spüre, wie dein Atem fließt und nimm deine Körperempfindungen und Gedanken wahr. Bewerte nichts davon, sondern sei einfach ein distanzierter Beobachter.
2. Sorge dafür, dass du eine akzeptierende Haltung einnimmst. Erkenne all deine Gedanken und Gefühle an und erlaube ihnen, einfach da zu sein. Du kannst dir innerlich einige Male folgende Sätze sagen: „Ich akzeptiere alles, was in diesem Moment ist. Ängste und Unsicherheiten dürfen sein. Ich erlaube mir, diese Gefühle zu haben und verurteile mich dafür nicht. Ich bin gut, so wie ich bin. Meine Gefühle sind in Ordnung, so wie sie sind."
3. Lenke deinen Fokus auf das aktuelle Problem, das dich beschäftigt. Spüre, welche Gefühle und Gedanken damit einhergehen. Achte auch auf deine Körperempfindungen wie deinen Herzschlag oder das Gefühl in deinem Bauch. Stell dir nun vor, wie das Problem zu einem Symbol oder Bild wird. Was dir als Erstes in den Sinn kommt, ist richtig.
4. Denke an deine Ressourcen, die dir in der Vergangenheit schon oft

Kraft gespendet haben und spüre dem positiven Gefühl nach, mit dem du sie verbindest.

5. Nutze deine Ressourcen, um dich gedanklich in einen Vogel zu verwandeln. Fliege mithilfe deiner inneren Stärke in den Himmel. Betrachte das Problem aus der Vogelperspektive und nimm wahr, wie es hier oben aus der Distanz plötzlich viel kleiner ist. Es wirkt jetzt viel weniger beängstigend und besorgniserregend. Vielleicht erkennst du aus der Ferne sogar gute Seiten, die mit deinem Problem einhergehen.
6. Öffne deine Augen wieder und gönne dir noch einen Moment, um die Eindrücke der Übung zu verarbeiten. Mach dir bewusst, dass du deine inneren Ressourcen jederzeit nutzen kannst, um dich von deinem Problem zu distanzieren und deinen Blickwinkel zu verändern.

Wiederhole die Übung in regelmäßigen Abständen, um einen gesunden Umgang mit Veränderungen und den damit verbundenen Herausforderungen zu entwickeln. Lass deiner Kreativität freien Lauf und zögere nicht, die Übung an deine persönlichen Bedürfnisse und Vorlieben anzupassen. Die Wirkung kann sich noch verstärken, wenn du im Hintergrund leise Musik oder Naturgeräusche abspielst. Bei regelmäßiger Anwendung wird die Übung dir dabei helfen, das Hier und Jetzt besser zu akzeptieren und deinen Blickwinkel auf deine Herausforderungen ins Positive zu wandeln.

Gewohnheit
DREI

Wo liegt mein Fokus?

Mit der folgenden kleinen Gewohnheit lernst du, deinen Fokus verstärkt auf positive Ressourcen zu lenken und somit einen Ausgleich zu deinen negativen Gedanken zu schaffen. Begib dich an einen Ort, an dem du für die nächsten sechs Minuten ungestört bist, und folge dann der Anleitung:

1. Atme tief ein und aus und lenke deinen Fokus auf deine Atmung. Wenn Gedanken auftauchen, lass sie vorüberziehen, ohne sie zu bewerten oder ihnen zu folgen. Komme im Hier und Jetzt an.
2. Beobachte die Gedanken, die auftauchen, ein wenig länger. Stell dir deine Gedanken als Wölfe vor. Manche von ihnen sind strahlend und stärkend – es sind positive Wölfe. Andere sind aber schwächend oder ängstlich, also negative Wölfe. Finde heraus, welche Gedanken dir durch den Kopf gehen und identifiziere, ob es sich um positive oder negative Wölfe handelt.
3. Erinnere dich an deine positiven Ressourcen, indem du an Erfahrungen zurückdenkst, bei denen sie dir schon einmal geholfen haben. Fühle, mit welchen positiven Empfindungen die Erinnerung an deine Ressourcen verbunden ist. Denke ganz bewusst an deine Talente, Stärken und Fähigkeiten.
4. Stell dir deine positiven Ressourcen als Futter vor, mit denen du den positiven Wolf füttern kannst. Atme ein und biete dem Wolf bei jeder Ausatmung ganz behutsam und liebevoll eine positive Ressource zur Fütterung an. Beobachte mit deinem inneren Auge, wie der positive Wolf größer, stärker und leuchtender wird. Der negative Wolf verliert an Macht, denn der positive Wolf überschattet ihn durch seinen Glanz und seine Größe. Nimm dir so viel Zeit, wie du möchtest, um

deinen positiven Wolf mit deinen Ressourcen zu nähren.

5. Komme zurück in den gegenwärtigen Moment. Bedanke dich bei dir selbst für deine innere Stärke und nimm dir vor, in Zukunft häufiger den positiven Wolf zu füttern – also den Fokus auf deine Stärken, Talente und Fähigkeiten zu lenken.
6. Notiere in deinem Tagebuch oder Notizbuch, mit welchen positiven Ressourcen du deinen Wolf heute gefüttert hast. Schreibe auf, wie du dich nach der Übung fühlst und welche Gedanken dir durch den Kopf gehen.

Wiederholst du diese Übung regelmäßig, kannst du nach und nach einen positiven Fokus entwickeln. Die Visualisierungstechnik mit dem positiven und dem negativen Wolf hilft dir, mit deinen Gedanken bewusster umzugehen und lässt dich eine kraftvolle Verbindung zu deinen positiven Ressourcen aufbauen. Das trägt dazu bei, deine Resilienz zu stärken und wappnet dich für einen guten Umgang mit Unsicherheiten, Veränderungen und Herausforderungen.

Gewohnheit VIER

Sicherheit in meinen Ressourcen finden

Wenn alles um dich herum unsicher ist, kannst du mithilfe deiner Ressourcen ein Gefühl der Sicherheit wiederfinden. Lege den Fokus auf deine Stärken und deine inneren Ressourcen. Die folgende Übung wird dir dabei helfen. Wähle einen ruhigen Ort, wo du mindestens sechs Minuten lang ungestört bist. Leg dich für diese Übung gerne hin.

1. Schließe deine Augen und gönne dir einige tiefe Atemzüge. Zähle bis vier, während du durch die Nase einatmest und halte die Luft dann

für einige Sekunden entspannt an. Lasse den Atem durch den Mund nun langsam wieder aus deinem Körper fließen. In unsicheren Zeiten trägt diese Atemtechnik dazu bei, dich zu erden und deine innere Mitte zu finden.

2. Hast du einen Zustand der tiefen Entspannung erreicht, erinnere dich an einen Moment in deinem Leben, in dem du dich sicher und stark gefühlt hast. Denke an eine konkrete Situation, in der du eine Herausforderung erfolgreich bewältigt hast. Erinnere dich daran, welche Talente, Stärken und Fähigkeiten es waren, die dir durch diese Herausforderung geholfen haben. Das sind deine inneren Ressourcen.
3. Nenne deine Ressourcen gedanklich beim Namen – also zum Beispiel „Zuversicht", „Durchhaltevermögen" oder „Ehrgeiz". Stell dir die Wörter vor deinem inneren Auge vor. Beobachte, wie sie sich zu einem Schutzschild formieren, der dich komplett umgibt. Male dir den Schutzschild im Detail aus und sieh zu, wie er dich vor allen äußeren Einflüssen schützt.
4. Dein Schutzschild gibt dir Stärke und Sicherheit, egal, welche Veränderungen oder Unsicherheiten im Außen stattfinden.
5. Wiederhole laut oder in Gedanken die folgenden positiven Affirmationen, um dein Gefühl der Sicherheit zu stärken: „Ich bin belastbar und stark. Ich vertraue meinen Fähigkeiten. Ich fühle mich sicher in mir selbst. Ich kann Herausforderungen meistern."
6. Konzentriere dich erneut auf deine Atmung und wende die Atemtechnik ein weiteres Mal für eine Minute an. Bedanke dich danach bei dir selbst für deine inneren Ressourcen. Spüre dem Gefühl der Sicherheit und Stärke nach, das diese Übung in dir geweckt hat. Öffne deine Augen und genieße die positiven Emotionen.

Lasse die Übung zu einer regelmäßigen Gewohnheit werden, um das Gefühl der Sicherheit in deinen Ressourcen zu finden – vor allem in Zeiten, in denen alles um dich herum unsicher erscheint.

Gewohnheit FÜNF

Zukunftsträume als Wegweiser

Du kannst deine Zukunftsträume als Wegweiser nutzen, um mit Veränderungen und Unsicherheiten in deinem Alltag besser umzugehen. Ich weiß, dass das nicht immer so einfach ist, aber nimm deine Zukunftsträume ernst und verfolge sie mit viel Durchhaltevermögen. Das stärkt deine Resilienz und hilft dir durch herausfordernde Zeiten. Die Übung, die ich dir jetzt vorstelle, wird dich dabei unterstützen, deine Zukunftsträume nicht aus den Augen zu verlieren. Du brauchst einen Ort, an dem du erstmal ungestört bist, sowie ein leeres Blatt Papier, Farben und Pinsel oder alternativ Filzstifte. Setz dich bequem auf deinen Stuhl an einen Tisch und führe folgende Schritte aus:

1. Nimm dir eine Minute, um deinen Geist zu beruhigen, indem du mehrmals tief ein- und ausatmest. Komme im Hier und Jetzt an und bereite dich seelisch und moralisch auf die nun folgende kreative Übung vor.
2. Schließe deine Augen und denke an deine Zukunftsträume. Male dir vor deinem inneren Auge aus, wie du dir dein ideales Leben in einigen Jahren vorstellst. Auf welche Aspekte legst du wert? Und wie wirst du dich fühlen, wenn du deine Träume erreichst? Was darf auf keinen Fall in deinem Leben fehlen? Stelle dir deine Zukunftsvision gedanklich so detailliert wie möglich vor.
3. Greife zu deinen Farben und zum Papier und fange damit an, deine Zukunftsträume visuell und kreativ zu gestalten. Halte deine Ziele und Wünsche gerne in Bild und Wort fest. Alles, was dir in diesem Moment in den Sinn kommt, ist erlaubt. Lass deiner Kreativität also einfach freien Lauf. Wenn du möchtest, kannst du für diese Aufgabe

auch auf Zeitschriften oder Fotos zurückgreifen und entsprechende Bilder ausschneiden, um sie auf dein Blatt Papier aufzukleben.
4. Sobald du fertig bist, betrachte dein Zukunftsbild. Lass die Emotionen, die es in dir auslöst, auf dich wirken.
5. Platziere dein Bild an einem Ort, wo du es häufig siehst – zum Beispiel neben deinem Arbeitsplatz oder direkt über deinem Bett. So hast du es immer vor Augen und kannst dich jederzeit daran erinnern, wofür es sich zu kämpfen lohnt. Deine Zukunftsträume werden zum Wegweiser in unsicheren Zeiten.

Mit dieser kreativen Übung kannst du deine Zukunftsträume visuell verankern und dich gleichzeitig künstlerisch ausdrücken. Du hast deine Träume und Wünsche regelmäßig vor Augen, was dich immer wieder an deine Fähigkeit erinnert, Herausforderungen zu meistern und deine Träume zu verwirklichen. Du kannst diese Übung zu einer Gewohnheit werden lassen, die du zum Beispiel einmal im Monat wiederholst. So verbindest du dich immer wieder mit deinen aktuellen Zukunftsträumen und stärkst deine Resilienz.

Gewohnheit SECHS

Stärkende Yoga-Übung zum Meistern von Herausforderungen

Im Folgenden habe ich dir einen kurzen Yoga-Flow zusammengestellt, der sechs Minuten deiner Zeit in Anspruch nimmt. Ich habe hierfür bewusst Übungen ausgewählt, die deine innere Stärke aktivieren und dich optimal auf unsichere Zeiten und Herausforderungen vorbereiten.

1. Setz dich in den Schneidersitz, richte deine Wirbelsäule auf und schließe deine Augen. Nimm einige tiefe Atemzüge. Atme durch die

Nase ein und durch den Mund wieder aus. Versuche, deine Gedanken loszulassen und deine Aufmerksamkeit ganz auf den aktuellen Moment zu lenken.

2. Bergstellung: Komme ins Stehen und platziere deine Füße hüftbreit nebeneinander. Stell dir vor, du bist ein starker Berg, der fest mit der Erde verbunden ist. Hebe deine Arme über den Kopf und strecke dich nach oben, während du tief einatmest. Fühle, wie sich deine innere Stärke aktiviert.
3. Krieger II: Trete mit dem rechten Fuß einen großen Schritt nach hinten. Beuge das linke Knie, sodass es sich über deinem linken Knöchel befindet. Strecke die Arme zur Seite aus und richte deinen Blick über die linke Hand. Fühle die Stabilität, Entschlossenheit und Kraft in dieser Kriegerhaltung.
4. Vorbeuge: Beuge dich aus der Hüfte nach vorne und führe deine Hände zu den Füßen. Lasse Kopf und Nacken ganz entspannt hängen. In dieser Haltung kannst du alles loslassen und Spannungen abbauen.
5. Kobra: Lege dich auf den Bauch und platziere die Hände neben deinen Schultern. Atme ein und hebe den Oberkörper sanft ein Stück von der Unterlage ab, während dein Blick nach vorne und oben geht. Spüre, wie du in dieser Position deine Ausdauer aktivierst.
6. Kindshaltung: Setze dich in den Fersensitz. Die Füße und Knie sind geschlossen. Beuge dich beim Ausatmen nach vorne. Lege deine Stirn auf der Unterlage vor deinen Knien ab. Deine Arme befinden sich neben deinem Körper, wobei die Handflächen nach oben zeigen. Lass deinen Körper ganz schwer werden und gib dein gesamtes Gewicht an die Unterlage ab.
7. Atme in der Kindshaltung einige Male tief ein und aus. Spüre, wie Kraft und Stärke bei jeder Einatmung in deinen Körper fließen und lass mit jeder Ausatmung die negative Energie gehen. Öffne dann deine Augen wieder und komme langsam zurück.

Diese Übungsfolge kannst du einmal täglich wiederholen. Lass sie zu einer festen Gewohnheit in deinem Alltag werden, um deine innere Stärke zu kräftigen und mit Unsicherheiten und Veränderungen besser klarzukommen.

Kapitel fünf

Stärkende Bande: gemeinsam resilient

Mittlerweile weißt du, dass eine gute Resilienz dich befähigt, Herausforderungen zu überwinden und gestärkt aus schwierigen Zeiten hervorzugehen. Damit dir das leichter gelingt, brauchst du soziale Unterstützung, stärkende Bande und Menschen um dich herum, um gemeinsam mit ihnen resilient zu sein. Stell dir einmal vor, du bist ein großer, starker und mächtiger Baum. Deine kräftigen Wurzeln reichen bis tief in die Erde. Du hast fast alle Eigenschaften, um auch den heftigsten Stürmen zu trotzen. Aber auch der stärkste Baum wird allein nicht überleben. Er braucht andere Bäume in seiner Nähe, damit sich die Baumkronen zu einem schützenden Blätterdach verbinden können, das den Wind bricht. Bei uns Menschen ist es genauso. Unsere Stärke wächst, wenn wir feste und nährende Verbindungen zu anderen knüpfen.

Deshalb soll es in diesem Kapitel um unterstützende Netzwerke gehen. Starke Beziehungen umgeben dich wie ein schützender Kokon, wenn das Leben turbulent wird. Rückhalt findest du in deiner Familie, in Freunden, in Kollegen oder Bekannten. Alle Menschen, mit denen du dich verbunden fühlst, können für deine Fähigkeit, Rückschläge zu bewältigen und dich wieder aufzurappeln, eine Rolle spielen. Dabei kommt es für eine gute Resilienz gar nicht immer auf große Gesten an. Manchmal sind es gerade die kleinen Gewohnheiten, die Beziehungen pflegen und stärken. Das aufmerksame Zuhören deines Gegenübers, eine liebevolle Umarmung, ein gemeinsamer Kaffee im Freien – all diese vermeintlich unbedeutenden Handlungen können sich nachhaltig auf dein emotionales Wohlbefinden auswirken.

Aber es ist nicht immer leicht, Beziehungen zu pflegen und herauszufinden, wer gut für dich ist und von wem du dich lieber distanzieren solltest. Deshalb findest du am Ende des Kapitels wieder sechs kurze Gewohnheiten und Übungen, die dir dabei helfen, ein Netzwerk des Vertrauens aufzubauen und zu festigen. Sie lassen sich wie immer gut in deinen Alltag integrieren. Ich bin mir sicher: Nachdem du dieses Kapitel gelesen hast, wirst du erkennen, wie du die Kraft der sozialen Unterstützung als Quelle für deine Resilienz nutzen kannst.

Ein Netzwerk des Vertrauens

Das Netzwerk des Vertrauens ist ein wertvoller Schatz. Die Menschen, die dir nahestehen und die du in deinem Leben hast, geben dir Kraft, wenn du sie am dringendsten brauchst. Sie tragen dich durch Unsicherheiten, Veränderungen und Herausforderungen. Dafür braucht es Vertrauen, das durch authentische Begegnungen und gemeinsame Erfahrungen entsteht. Stell dir vor, du knüpfst mit der anderen Person einen Knoten, der immer fester wird. Irgendwann ist er stark genug, um dir in schwierigen Zeiten Halt zu geben. Wenn du mit Problemen konfrontiert wirst, kannst du auf dein Netzwerk des Vertrauens als wichtige Ressource zugreifen. Lehne dich an die Schulter eines geliebten Menschen an oder sprich mit einem Freund offen über deine Sorgen. Dein Vertrauensnetzwerk schafft Raum für Ehrlichkeit und bietet dir die Gelegenheit, deine Gefühle und Gedanken zu teilen, ohne Angst vor Verurteilung haben zu müssen.

Wenn du merkst, dass andere dich ermutigen und bestärken, gewinnst du Vertrauen in deine eigenen Fähigkeiten. Die Worte eines Freundes, der an dich glaubt, können dich dazu befähigen, über dich hinauszuwachsen. Umgekehrt kannst auch du für andere da sein, sie unterstützen und ermutigen, indem du aufmerksam zuhörst und deine Unterstützung anbietest.

Das Netzwerk des Vertrauens verändert sich im Laufe der Zeit. Wenn neue Menschen in dein Leben treten oder sich bestehende Beziehungen vertiefen, kann dein Netzwerk wachsen. Es kann sich aber auch verkleinern, wenn man sich voneinander abwendet. Dein Netzwerk braucht Aufmerksamkeit, Offenheit und die Bereitschaft, Beziehungen zu pflegen. Die Übungen, die am Ende des Kapitels folgen, unterstützen dich dabei, ein Netzwerk des Vertrauens aufzubauen.

Warum wir andere Menschen brauchen

Menschen sind soziale Wesen und nicht dazu bestimmt, ihr Leben allein zu bestreiten. Soziale Isolation schwächt die eigene Resilienz und kann psychische Erkrankungen wie Ängste, Zwangsstörungen oder Depressionen fördern. Es gibt viele Gründe, weshalb dir andere Menschen in deinem Leben guttun:

- **Emotionale Unterstützung:** Das Leben ist voller Höhen und Tiefen und unterliegt ständigen Veränderungen. In herausfordernden Zeiten brauchst du eine Schulter zum Anlehnen, ein offenes Ohr zum Zuhören und jemanden, der dich versteht. Deine Familie und deine Freunde sind diejenigen, die dir Trost spenden, wenn du traurig bist und dir Mut zusprechen, wenn du dich unsicher fühlst. Sie umgeben dich mit Liebe und Zuneigung, wenn du dich verletzlich zeigst.
- **Freude und Erfolg teilen:** Auch in den Höhen deines Lebens brauchst du andere Menschen. Glück und Erfolg erreichen ihre volle Bedeutung erst, wenn du sie mit anderen teilen kannst. Die Freude, deine Triumphe und Erfolge mit deinem Netzwerk des Vertrauens zu teilen, macht sie noch wertvoller und ermutigt dich, in Zukunft weiterhin dein Bestes zu geben.

- **Neue Perspektiven:** Jeder Mensch hat seine eigene Meinung und seine eigene Sicht auf die Welt. Indem du dich mit anderen umgibst, erweiterst du deinen eigenen Horizont und gewinnst neue Perspektiven. Menschen, die anders denken als du, können dich inspirieren, dich herausfordern und lassen dich wachsen.
- **Gemeinschafts- und Zugehörigkeitsgefühl:** Es vermittelt dir ein tiefes Gefühl der Sicherheit, wenn du dich als Teil einer Gemeinschaft betrachtest. Fühlst du dich von anderen akzeptiert und unterstützt, entsteht ein Gefühl der Verbundenheit. Du weißt dann, dass du nicht allein bist, was unheimlich wichtig für dein psychisches Wohlbefinden ist.
- **Gegenseitige Hilfe:** In einem Netzwerk des Vertrauens lernen wir voneinander und unterstützen uns gegenseitig. Jeder Mensch hat eigene Fähigkeiten, Stärken und Talente, die er einbringen kann. Durch die gegenseitige Unterstützung und das Teilen von Erfahrungen und Wissen wächst nicht nur jeder Einzelne, sondern auch die Gemeinschaft.
- **Stressabbau und Gesundheit:** Andere Menschen in deinem Leben wirken sich positiv auf deine Gesundheit aus. Menschen mit einem starken sozialen Netzwerk sind stressresistenter. Sie haben zudem ein niedrigeres Risiko, gesundheitliche Probleme wie Depressionen oder Herz-Kreislauf-Erkrankungen zu bekommen.

Gerade in einer hektischen und oft stressigen Welt ist es wichtig, deine Zeit und Energie ganz bewusst in die Pflege und den Aufbau deiner zwischenmenschlichen Beziehungen zu investieren. Denn: Jeder Mensch braucht andere Menschen und niemand kann auf Dauer gesund und glücklich sein, wenn er sich ganz allein durchs Leben kämpft.

Die Kraft der sozialen Unterstützung nutzen

Eine engere, unterstützende Gemeinschaft kann dich durch die schwierigsten Zeiten begleiten. Doch wie gelingt es dir, auf die soziale Unterstützung anderer zurückzugreifen und diese sinnvoll einzusetzen, sodass du deine Resilienz stärken kannst, ohne andere auszunutzen? Hier sind ein paar Tipps für dich:

1. Die Grundlage für eine gute Unterstützung durch dein soziales Umfeld ist eine Basis der Offenheit und Ehrlichkeit. Wenn du dich anderen öffnest und deine Ängste, Sorgen und Herausforderungen teilst, entsteht eine Atmosphäre des Vertrauens. Es ist in Ordnung, sich auch mal verletzlich zu zeigen und um Hilfe zu bitten.
2. Soziale Unterstützung bedeutet nicht nur, dass andere dir zuhören, sondern auch, dass du aktiv zuhörst, wenn Mitmenschen ihre Gedanken und Gefühle mit dir teilen. Echtes Zuhören erfordert Präsenz, Empathie und die Fähigkeit, dich in die Lage des anderen hineinzuversetzen.
3. Häufig sind es die kleinen Gesten, die eine große Wirkung haben. Eine liebevolle Umarmung, ein aufmunterndes Lächeln oder ein freundliches Wort können den Tag eines anderen Menschen retten und ihm das Gefühl geben, dass er nicht allein mit seinen Sorgen und Problemen ist. Wenn du mit einer positiven Ausstrahlung durch dein Leben gehst und freundlich bist zu anderen, wirst du merken, dass viel Freundlichkeit zurückkommt!
4. Gemeinsame Aktivitäten fördern den Zusammenhalt und schaffen Erinnerungen, die dich mit deinen Mitmenschen verbinden. Ob es sich um gemeinsame Interessen, Hobbys oder Sportarten handelt, ist ganz egal. Gemeinsame Erlebnisse stärken deine Beziehungen und geben dir das Gefühl, ein wichtiger Teil einer unterstützenden Gemeinschaft zu sein.
5. Die Kraft der sozialen Unterstützung beruht auch auf Gegenseitigkeit. Indem du anderen in ihren Zeiten der Not zur Seite stehst, schaffst du ein positives und vertrauensvolles Umfeld, in dem sich jeder auf den anderen verlassen kann. Es ist ein Geben und Nehmen, das die Verbundenheit in unserer Gemeinschaft stärkt.
6. In jeder Beziehung kommt es hin und wieder zu Konflikten. Die Art und Weise, wie du mit diesen Streitsituationen umgehst, entscheidet darüber, ob sich der Streit langfristig sogar positiv auf deine zwischenmenschliche Beziehung auswirkt. Eine offene Kommunikation, Respekt für dein Gegenüber und Verständnis für andere Sichtweisen sind Schlüsselelemente, um Konflikte konstruktiv zu lösen und deine Beziehungen zu vertiefen.

Soziale Unterstützung ist keine Einbahnstraße. Sie erfordert ein Geben und Nehmen, eine wechselseitige Unterstützung und die Bereitschaft, in deine Beziehungen zu anderen Menschen Zeit und Arbeit zu investieren. Indem du dich bewusst um deine sozialen Verbindungen kümmerst und diese pflegst, stärkst du deine eigene Resilienz und die Resilienz deiner Gemeinschaft als Ganzes.

KLEINE GEWOHNHEITEN ZU KAPITEL 5: BEZIEHUNGEN AUFBAUEN UND PFLEGEN

Stabile, vertrauensvolle und enge Beziehungen zu deinen Mitmenschen spielen in deiner Reise zu mehr Resilienz eine wesentliche Rolle. Oft sind es die kleinen Gesten, die den Unterschied machen und deine Bindungen zu anderen vertiefen. In kleinen angeleiteten Übungen wirst du entdecken, wie du mit einfachen, alltäglichen Handlungen dein Netzwerk des Vertrauens aufbauen und pflegen kannst. Lerne, wie du die Verbundenheit mit anderen bewusster wahrnimmst und herausfindest, mit wem du dich tief und mit wem du dich vielleicht nicht so tief verbunden fühlst.

Wahre Resilienz wird nicht nur durch die Herausforderungen geformt, mit denen du umgehen musst, sondern auch durch die Menschen, die dich auf deinem Lebensweg begleiten. Lass uns gemeinsam einige Gewohnheiten etablieren, die sich positiv auf dein soziales Umfeld auswirken. Wie immer gilt auch hier: Jede der Übungen nimmt täglich nur rund sechs Minuten in Anspruch, ist effektiv und hilft dir dabei, eine tiefere Verbundenheit zu deinem sozialen Umfeld und somit auch eine gestärkte Resilienz zu erreichen.

Gewohnheit EINS

Menschen eine Freude machen

Diese Übung wird dir dabei helfen, eine kraftvolle Ressource in dir zu finden, die es dir ermöglicht, anderen Menschen Freude zu bereiten. Indem du bewusst positive Interaktionen mit anderen suchst und kreative Wege findest, ihnen ein Lächeln ins Gesicht zu zaubern, wirst du nicht nur ihre Resilienz stärken, sondern auch deine eigene. Die Übung unterstützt dich dabei, dich mit deinem sozialen Netzwerk zu verbinden, tiefere Beziehungen aufzubauen und ein Gefühl der Zugehörigkeit zu fördern. Die beste Zeit dafür ist morgens direkt nach dem Aufstehen.

1. Überlege, wie du anderen eine Freude bereiten kannst. Erinnere dich an Situationen, in denen du selbst Freude empfunden hast, weil dir jemand etwas Gutes getan hat. Nimm die positiven Auswirkungen solcher Gesten auf deine Stimmung und deinen Alltag wahr.
2. Setze dir ein Ziel für den heutigen Tag. Du möchtest mindestens einer Person eine Freude bereiten. Egal, ob es sich um Familie, Freunde, Kollegen oder Fremde handelt, suche nach Möglichkeiten, um positive Energie zu verbreiten. Es müssen keine teuren Geschenke sein, eine einfache Geste kann auch Freude bereiten. Du könntest eine aufmunternde Nachricht an jemanden schreiben, ein kleines Geschenk basteln oder eine Überraschung vorbereiten. Vielleicht inspirieren dich die folgenden Ideen:
   - Schreibe kleine Dankbarkeitsnachrichten und verteile sie an die Menschen, die dir wichtig sind.
   - Backe eine Leckerei und überrasche jemanden damit.
   - Organisiere ein spontanes Treffen mit einer Person, die du schon länger nicht mehr gesehen hast.
   - Biete einem gestressten Kollegen, der offensichtlich zu viel arbeitet, deine Hilfe an.
   - Finde wertschätzende Worte zur Kleidung eines Bekannten.
3. Notiere dir schon morgens, welches Ziel du für diesen Tag hast und welche Aktion du konkret durchführen möchtest.
4. Setze die Idee in die Tat um. Wenn möglich, sieh der Person dabei

ins Gesicht und nimm wahr, wie sehr sie sich freut. Achte auch auf deine eigene Stimmung, die sich automatisch verbessern wird, wenn du jemanden glücklich machst.

5. Am Ende des Tages solltest du noch einmal reflektieren. Nimm dir einen Moment Zeit, um nachzuspüren, wie es dir in der Situation ergangen ist, in der du einem anderen Menschen eine Freude bereitet hast. Wie hast du dich gefühlt? Welche Reaktionen hast du wahrgenommen? Wie hat diese Übung deine Resilienz gestärkt und deine Verbindung zu anderen Menschen vertieft? Notiere deine Erkenntnisse in deinem Tage- oder Notizbuch.

Wiederhole diese Übung regelmäßig, damit sie zu einer festen Gewohnheit in deinem Leben wird. Die bewusste Entscheidung, anderen eine Freude zu bereiten, wird sich positiv auf deine Resilienz, aber auch auf die Stimmung anderer auswirken.

Gewohnheit ZWEI

Verbundenheit wahrnehmen

Lerne bewusst zu erkennen, mit wem du dich tief oder weniger tief verbunden fühlst. Anschließend kannst du dich auf die engen Verbindungen in deinem Leben konzentrieren, die wirklich hilfreich für deine Resilienz sind. Auf diese Weise stärkst du deine sozialen Beziehungen und förderst ein Gefühl der Zugehörigkeit.

1. Finde einen ruhigen und ungestörten Ort. Setze oder lege dich hin. Schließe deine Augen und atme ein paar Mal tief ein und aus. Lasse sämtliche Gedanken und Sorgen für einen Moment los und konzentriere dich auf den gegenwärtigen Moment.

2. Denke an Menschen in deinem Leben, die dir nahestehen – deine Familie, Freunde, Kollegen oder andere wichtige Personen. Überlege, auf welche Weise du dich mit ihnen verbunden fühlst und welche Bedeutung diese Verbindungen für dich haben.
3. Teile die Verbindungen in zwei Kategorien ein – in die Kategorie „tief verbunden" und in die Rubrik „weniger tief verbunden". Tief verbundene Beziehungen sind jene, die dich stark unterstützen und bei denen du eine tiefe emotionale Zusammengehörigkeit spürst. Weniger tief verbundene Beziehungen sind jene, die nicht ganz so eng sind, aber dennoch eine Rolle in deinem Leben spielen.
4. Richte deine Aufmerksamkeit auf die tief verbundenen Beziehungen. Spüre die Dankbarkeit für die Menschen, die dich bedingungslos unterstützen und für dich da sind. Denke darüber nach, wie sie dich gestärkt haben und dir geholfen haben, schwierige Zeiten zu meistern. Lasse diese Dankbarkeit in dir aufsteigen und dein Inneres ganz und gar ausfüllen. Spüre, wie sich dadurch deine Verbundenheit zu ihnen vertieft.
5. Überlege, wie du die tief verbundenen Beziehungen stärken kannst. Finde individuelle Wege, um ihnen zu zeigen, wie sehr du ihre Anwesenheit in deinem Leben schätzt. Manchmal genügt eine Umarmung. Auch eine liebevolle Nachricht kann ausreichend sein, um deine Dankbarkeit auszudrücken.
6. Nimm dir vor, von nun an auch im Alltag die Verbundenheit stärker wahrzunehmen und zu schätzen. Achte bewusst auf die Begegnungen und Gespräche, die du hast, und erkenne die Menschen um dich herum an, die deine Resilienz stärken.

Wiederhole diese Übung immer mal wieder. So stärkst du deine Fähigkeit, Verbundenheit zu anderen wahrzunehmen und sie zu schätzen. Indem du dich auf die wichtigen Beziehungen in deinem Leben konzentrierst, wirst du eine tiefere Resilienz entwickeln und eine gestärkte Unterstützung in deinem sozialen Netzwerk finden.

Gewohnheit DREI

Wertschätzung und Dankbarkeit erfahren und zeigen

Diese kleine Gewohnheit dient dazu, bewusst Wertschätzung und Dankbarkeit für die Menschen in deinem Netzwerk des Vertrauens zu erfahren und zu zeigen. Indem du diese positiven Emotionen kultivierst und mit anderen teilst, stärkst du deine sozialen Beziehungen und erhöhst deine Resilienz. Diese Übung fördert außerdem eine Atmosphäre der Unterstützung und Verbundenheit in deinem sozialen Netzwerk.

1. Suche dir einen ungestörten Ort. Schließe deine Augen und achte nur auf deine Atmung. Komme ganz im Hier und Jetzt an und öffne dich für das positive Gefühl der Dankbarkeit.
2. Hole dir die Bilder der Menschen, die für dich wichtig sind, vor dein inneres Auge. Überlege, welche besonderen Eigenschaften oder Handlungen du an ihnen schätzt und wofür du dankbar bist. Mache dir die positiven Auswirkungen, die sie auf dein Leben haben, bewusst. Entscheide dich für eine Person, der du heute deine Dankbarkeit ausdrücken möchtest.
3. Nimm Papier und Stifte zur Hand und gestalte eine Dankbarkeitskarte für diese Person. Schreibe den Namen auf die Karte und notiere, wofür du sie wertschätzt und wofür du dankbar bist. Du kannst auch kleine Zeichnungen oder Symbole hinzufügen, die eure Verbindung repräsentieren.
4. Schließe die Augen erneut und denke nochmal an den Menschen, der deine heutige Dankbarkeitskarte bekommen soll. Spüre die Dankbarkeit in dir und öffne dein Herz für diese Person. Sende ihr in Gedanken all deine liebevolle Wertschätzung. Nimm dir vor, diese Gefühle im Laufe des Tages mit ihr zu teilen.

5. Versende die Dankbarkeitskarte an die entsprechende Person. Du kannst sie persönlich überreichen, per Post verschicken oder digital als Bild versenden. Lass sie wissen, wie wichtig sie für dich ist und wie sehr du ihre Unterstützung schätzt.

Wiederhole diese Übung regelmäßig und wähle dafür unterschiedliche Personen aus. Durch das Kultivieren und Teilen positiver Gefühle stärkst du nicht nur deine sozialen Beziehungen, sondern auch deine eigene Resilienz. Die bewusste Wertschätzung der Menschen in deinem Leben schafft eine Atmosphäre der Unterstützung, die dich und deine Mitmenschen gemeinsam resilienter werden lässt.

Gewohnheit VIER

Resilienz-Spaziergang für eine tiefere Verbundenheit mit deinem sozialen Netzwerk

Dieser kleine Resilienz-Spaziergang kombiniert Bewegung mit der bewussten Wahrnehmung deines sozialen Netzwerks. Während du spazierst, reflektierst du über die Menschen, die dich unterstützen, und förderst dadurch eine tiefere Verbundenheit mit ihnen. Viele Menschen können bei einem Spaziergang besser in ihre Gefühlswelt abtauchen als in einer ruhigen Haltung. Wenn es dir genauso geht, ist dieser Resilienz-Spaziergang genau das Richtige für dich!

1. Ziehe bequeme Kleidung und Schuhe an. Nimm dein Smartphone oder ein kleines Notizbuch mit, um während des Spaziergangs deine Gefühle und Gedanken aufschreiben zu können. Wenn du magst, kannst du auch Kopfhörer aufsetzen und eine leise, meditative Musik im Hintergrund laufen lassen.
2. Beginne den Spaziergang in einer für dich angenehmen Umgebung. Ob ein Park, die Siedlung in deiner Nachbarschaft oder ein Waldweg – der Ort ist relativ egal. Ein ruhigeres Umfeld ist aber empfehlenswerter als ein Fußweg, der eine viel befahrene Straße entlangführt. Achte darauf, bewusst zu gehen und fokussiere dich am Anfang auf deine Atmung.
3. Während du gehst, denke über die Menschen in deinem Netzwerk des Vertrauens nach. Wer steht dir besonders nahe? Wer hat dich zuletzt in schwierigen Zeiten unterstützt? Erinnere dich an besondere Momente des Zusammenhalts.
4. Spüre bei deinem Spaziergang die Dankbarkeit für diese wertvollen Beziehungen. Lasse die positiven Emotionen in dir aufsteigen und fühle, wie sie dich von innen heraus stärken. Nimm wahr, wie die Bindung zu deinem Netzwerk deine Resilienz fördert.
5. Wenn du das Bedürfnis hast, kannst du Menschen aus deinem Netzwerk eine kurze Nachricht schicken, um ihnen zu sagen, dass du an sie denkst und sie schätzt. Teile deine Dankbarkeit und die Empfindungen, die du während des Spaziergangs erfahren hast.
6. Du kannst bei deinem Spaziergang jederzeit innehalten, um wichtige Erkenntnisse zu notieren oder dir Fragen, mit denen du dich vielleicht später noch genauer auseinandersetzen willst, aufzuschreiben.

Lass deinen Resilienz-Spaziergang zu einem festen Bestandteil deines Alltags werden. Du kannst täglich eine kleine Runde gehen oder einmal pro Woche, ganz wie es für dich passt. Die Kombination aus Bewegung und bewusster Wahrnehmung deines sozialen Netzwerks wird deine Resilienz stärken und dich an die Unterstützung und Verbundenheit erinnern, die du hast.

Gewohnheit
FÜNF

Fantasiereise zur Oase der Verbundenheit

Eine Fantasiereise zur Oase deiner Verbundenheit führt dich zu einem imaginären Ort, an dem du dich bewusst mit deinem Netzwerk des Vertrauens verbindest. Auch, wenn du dich vielleicht gerade allein fühlst, weil niemand bei dir ist, wirst du die Kraft und Unterstützung deines sozialen Netzwerks spüren und deine Resilienz stärken.

1. Finde einen ruhigen und ungestörten Ort. Lege oder setze dich entspannt und bequem hin, bevor du deine Augen schließt. Konzentriere dich eine Minute lang nur auf deine Atmung, um dich auf die Fantasiereise einzustimmen.
2. Stelle dir vor, wie du dich an einem sonnigen Tag in einer ruhigen Oase befindest. Du bist umgeben von grünen Wiesen, blühenden Blumen und einem klaren Bach. Fühle die warme Sonne auf deiner Haut und spüre die entspannende Atmosphäre um dich herum.
3. In der Oase triffst du die Menschen, die für dein Leben wichtig sind. Nimm die Unterstützung und Verbundenheit wahr, die von ihnen ausgeht, spüre nach, wie sich das anfühlt.
4. Spüre das Vertrauen, die Liebe und die Wärme, die du von ihnen empfängst. Fokussiere dich auf die positive Energie, die dich durchströmt und stärkt. Du bist nicht allein, du bist von einer starken Gemeinschaft umgeben.
5. Wenn du dafür bereit bist, kehre langsam zurück. Öffne deine Augen und nimm die schönen Gefühle der Verbundenheit mit, die du während der Fantasiereise erfahren hast.

Die kleine Fantasiereise ist perfekt für Situationen, in denen du dich allein, ängstlich und gestresst fühlst. Du kannst dich dadurch bewusst mit deinem Netzwerk des Vertrauens verbinden, auch wenn gerade niemand aktiv für dich da ist. Denke immer daran: Du bist niemals allein. Auch, wenn du dich in diesem Moment vielleicht unsicher fühlst. Der Augenblick ist nicht für immer, er geht vorbei. Bald findest du wieder eine Schulter, an die du dich anlehnen kannst oder einen Menschen mit einem offenen Ohr. Nutze die Kraft dieser Fantasiereise, um deinen Fokus auf die Menschen in deinem Leben zu lenken, die dich lieben und unterstützen.

Gewohnheit SECHS

Dein Netzwerk des Vertrauens als Mandala darstellen

Diese kreative Übung dient dazu, dein Netzwerk des Vertrauens in einem kreativen Mandala zu visualisieren. Indem du die einzelnen Mandala-Elemente gestaltest, wirst du die Vielfalt der Beziehungen in deinem Leben intensiv wahrnehmen.

1. Greife zu Papier und Stiften und begib dich an einen ruhigen und inspirierenden Ort, an dem du die Übung durchführen möchtest.
2. Setze dich bequem hin und schließe deine Augen. Atme tief ein und aus, um dich zu zentrieren und ganz im aktuellen Moment anzukommen.
3. Stell dir vor deinem inneren Auge vor, wie du in der Mitte eines Kreises stehst. Dies ist das Zentrum deines sozialen Netzwerks und deines Mandalas. Denke über die Menschen in deinem Netzwerk des Vertrauens nach. Stelle sie dir als verschiedene Farben und Formen vor, die den äußeren Kreis deines Mandalas bilden.

4. Beginne damit, die Personen aus deinem Netzwerk in deinem Mandala zu gestalten. Zeichne oder male ihre Farben und Formen um das Zentrum herum. Lasse deiner Kreativität freien Lauf und gestalte das Mandala nach deinen Vorstellungen.
5. Betrachte dein fertiges Mandala und spüre die Verbundenheit mit den Menschen in deinem Leben, die dir Halt und Kraft geben. Achte auf die Vielfalt der Beziehungen und fühle, wie sie dich stärken.
6. Nimm dir einen Moment, um deinem Netzwerk des Vertrauens deine Dankbarkeit auszudrücken. Denke an die positive Energie, die diese Menschen in dein Leben bringen, und sende ihnen in Gedanken deine Wertschätzung und Unterstützung zurück.

Dein fertiges Mandala kannst du an einem Ort in deinem Zuhause aufhängen, an dem du es regelmäßig siehst. Halte täglich kurz inne, um das Mandala zu betrachten und die Emotionen zu spüren, die dabei in dir aufkommen.

Kapitel sechs

Aus der Tiefe schöpfen: Selbstfürsorge als Kraftquelle

Es ist an der Zeit, auf deiner persönlichen Reise zur inneren Stärke und Resilienz noch tiefer einzutauchen und eine weitere wichtige Kraftquelle zu entdecken – deine Selbstfürsorge! Sie ist eng mit der Kunst der Selbstliebe verknüpft und hilft dir dabei, eine Harmonie zwischen Körper und Geist herzustellen. In unserer hektischen und anspruchsvollen Welt vergessen wir häufig, uns selbst ausreichend Aufmerksamkeit und Zeit zu schenken. Doch wie sollst du stark, widerstandsfähig und für andere da sein, wenn du es nicht einmal schaffst, deine eigenen Akkus wieder zu laden? In diesem Kapitel lernst du, dass Selbstfürsorge nichts mit Egoismus zu tun hat. Sie ist eine essenzielle Voraussetzung dafür, deinen Mitmenschen und der Welt um dich herum mit Unterstützung, Liebe und Vertrauen zu begegnen. Mithilfe deiner Selbstfürsorge kannst du Kraft aus der Tiefe deines Herzens schöpfen. Dann kannst du auch in schwierigen Zeiten mit beiden Beinen fest auf dem Boden stehen bleiben und in guten Zeiten jeden Sonnenstrahl genießen.

Ich lade dich dazu ein, dich mit mir auf die Reise zu mehr Selbstfürsorge zu begeben und deinen Körper und Geist in Einklang zu bringen. Wenn diese beiden Elemente im harmonischen Zusammenspiel sind, wirst du spüren, wie sich deine volle Resilienz entfalten kann. Es geht nicht darum, unrealistischen Idealen zu entsprechen, sondern darum, dich selbst mit all deinen Facetten anzunehmen und zu lieben. Am Ende des Kapitels wirst du einige kleine Gewohnheiten kennenlernen, die Entspannung und Regeneration in deinen Alltag bringen. Du wirst erkennen, dass es nicht darum geht, immer Vollgas zu geben und auf der Überholspur zu bleiben, sondern darum, dir selbst genug Raum für Erholung zu geben, um gestärkt und widerstandsfähig durchs Leben zu gehen. Die Reise zu mehr Selbstfürsorge mag manchmal herausfordernd sein, aber am Ende wirst du erkennen, dass sie jeden Schritt wert war. Denn letztlich hilft sie dir dabei, eine stärkere, belastbarere und liebevollere Version deiner selbst zu werden.

Die Kunst der Selbstliebe

In den sozialen Netzwerken und in den Medien ist das Thema „Selbstliebe" in aller Munde. Sie ist eine wichtige und tiefgründige Fähigkeit, die die Basis für deine Resilienz legt.

Was bedeutet Selbstliebe?

Selbstliebe ist die Fähigkeit, dich selbst bedingungslos anzunehmen und zu akzeptieren. So wie du bist, mit all deinen Stärken und Schwächen. Wenn du dich selbst liebst, bist du im Inneren davon überzeugt, dass du wertvoll bist und das Recht hast, dein Leben nach deinen Bedürfnissen und Wünschen zu gestalten. Selbstliebe bedeutet, dir selbst mit Mitgefühl zu begegnen, liebevoll zu dir zu sprechen und dich zu unterstützen, wenn du mit Herausforderungen konfrontiert wirst.

Wie kann die eigene Selbstliebe wachsen?

Die Kunst der Selbstliebe beginnt damit, dir ganz bewusst Zeit für dich zu nehmen. Wir alle neigen dazu, in unserer hektischen und turbulenten Welt unsere eigenen Bedürfnisse zu vernachlässigen und die Anforderungen anderer über unsere eigenen zu stellen. Gönne dir mehr Zeit für Selbstreflexion und Selbstfürsorge, finde Momente der Stille und der Ruhe, in denen du dich mit deinen Gedanken und Gefühlen verbinden kannst.

Selbstliebe bedeutet auch, dich von übermäßig selbstkritischen Gedanken zu befreien. Wie du schon weißt, hat jeder von uns eine innere Stimme, die manchmal recht kritisch sein kann. Doch destruktive Selbstzweifel und negative Bewertungen sind nicht hilfreich. Sie stehen deiner Selbstliebe im Weg. Anstatt dich von Zweifeln und Selbstkritik beherrschen zu lassen, solltest du lernen, ungesunde negative Gedankenmuster zu erkennen und bewusst gegen positivere und konstruktivere Gedanken einzutauschen.

Selbstliebe ist auch Achtsamkeit für deine eigenen Grenzen. Sage auch mal „nein“, wenn du etwas wirklich nicht möchtest oder kannst – ohne dich dabei schuldig zu fühlen. Achte darauf, deine eigenen Energieressourcen nicht zu erschöpfen, indem du dich permanent überforderst. Ruhe dich aus und regeneriere dich, wenn du es brauchst – ohne schlechtes Gewissen.

Auch die Selbstpflege gehört zur Selbstliebe! Kümmere dich intensiv und liebevoll um deinen Körper, bewege dich ausreichend, ernähre dich ausgewogen und gesund und gönne dir genügend Schlaf. Achte darauf, dass du Zeit für die Dinge findest, die dir Freude bereiten, die deine Lippen zum Lächeln bringen und die dein Herz mit Freude füllen.

Selbstliebe kannst du lernen

Deine wachsende Selbstliebe wird dein Leben auf intensive Weise bereichern und deine Resilienz stärken. Dadurch, dass du dich selbst liebst und gut für dich sorgst, schaffst du ein solides Fundament, um den Stürmen des Lebens nicht nur standzuhalten, sondern gestärkt daraus hervorzugehen. Du wirst erkennen, dass wahre Selbstliebe der Schlüssel zu einem erfüllten, glücklichen und widerstandsfähigen Leben ist. Sei gütig zu dir selbst und lass die Kunst der Selbstliebe zu einem lebenslangen Begleiter auf deinem Weg zu einer starken Resilienz werden. Die Übungen und Gewohnheiten, die am Ende des Kapitels folgen, werden dich dabei unterstützen.

Den Körper und Geist in Einklang bringen

Dein Körper und dein Geist sind untrennbar miteinander verbunden. Sie sollten in einer harmonischen Einheit sein, denn ihre Balance bildet das Fundament für eine starke Seele und eine starke Resilienz. Wenn dein Alltag stressig, turbulent und herausfordernd ist, neigst du vielleicht dazu, die Verbindung zwischen Körper und Geist zu vernachlässigen. Lerne deinen Körper und deinen Geist wieder in Einklang zu bringen, dann öffnen sich dir neue Türen zu innerer Stärke und Widerstandsfähigkeit und damit zu einer starken und resilienten Seele.

Der wichtigste Schritt besteht darin, dass du achtsamer mit deinem Körper umgehst. Dein Körper ist ein einzigartiges und beeindruckendes Wunder, das dich durch dein ganzes Leben trägt und dir vielfältige Erfahrungen ermöglicht. Wir alle neigen im Alltag viel zu oft dazu, unseren Körper wie einen Roboter zu behandeln, und treiben ihn tagtäglich zu Höchstleistungen an. Im Sinne der Resilienz ist es aber wichtig, auf die Bedürfnisse des Körpers zu hören und ihm die Aufmerksamkeit und Pflege zu geben, die er verdient. Die folgenden Tipps helfen dir dabei:

1. Regelmäßige Bewegung ist das A und O, wenn du deinen Körper und deinen Geist in Einklang bringen willst. Bewegung wirkt sich positiv auf deine physische Gesundheit aus, beruhigt deinen Geist und verbessert dein seelisches Wohlbefinden. Du musst kein Hochleistungssportler werden. Ein Spaziergang in der Natur, Radfahren, eine halbe Stunde Yoga am Tag oder eine Runde Joggen am Abend – finde eine Bewegungsart, die dir Freude bereitet und die dich mit Energie füllt. Indem du dich bewegst, kannst du Stress abbauen, deine Gedanken klären und den Geist zur Ruhe bringen.
2. Eine ausgewogene Ernährung mit frischen und nährstoffreichen Lebensmitteln versorgt deinen Körper mit der Energie, die er benötigt, um fit und gesund zu bleiben. Deine Ernährung beeinflusst deine Stimmung. Achte darauf, dich bewusst zu ernähren, erkenne ungesunde Gewohnheiten und versuche, diese nach und nach zu reduzieren.

3. Die Praxis der Meditation und Achtsamkeit ist ein wertvolles Mittel, um deinen Körper und deine Seele zu verbinden. Durch regelmäßige Meditation kannst du deine Gedanken beruhigen und deinen inneren Frieden finden. Keine Angst: Es ist nicht notwendig, stundenlang stillzusitzen und deinem Atem zu lauschen – schon wenige Minuten täglich können einen großen Unterschied bewirken. Eine erhöhte Achtsamkeit im Alltag hilft dir, im Hier und Jetzt zu leben und dich nicht von Sorgen über die Zukunft oder Vergangenheit ablenken zu lassen.
4. Schaffe dir jeden Tag Zeiten der Entspannung und Regeneration. Lies in einem Buch, höre beruhigende Musik oder genieße einfach nur eine Tasse heißen Tee, um dich für ein paar Augenblicke zu entspannen.

Mit Geduld und Achtsamkeit kannst du deinen Körper und Geist in Einklang bringen. Es geht darum, bewusster zu leben und auf deine Bedürfnisse zu hören. Indem du deine Einheit aus Körper und Geist pflegst und stärkst, wirst du eine tiefere Verbindung zu dir selbst und eine stärkere Resilienz entwickeln. Also: Sei liebevoll zu deinem Körper und achte auf dein seelisches Befinden!

KLEINE GEWOHNHEITEN ZU KAPITEL 6: ENTSPANNUNG UND REGENERATION ALS TEIL DES ALLTAGS

Im Alltag ist es manchmal nicht so einfach, sich gut um sich selbst zu kümmern. Ich habe sechs kleine Gewohnheiten zusammengestellt, die dazu beitragen, dass Selbstliebe und Selbstfürsorge Teile deines Lebens werden, die nicht mehr wegzudenken sind.

Die Übungen fördern deinen inneren Frieden und somit auch deine Resilienz. Nimm dir einmal täglich die Zeit für eine kleine Gewohnheit, die zu dir und deinen Bedürfnissen passt. Du kannst sie morgens, mittags oder kurz vor dem Schlafengehen praktizieren – je nachdem, wie sie sich am besten in deinen Alltag einfügt. Wie immer dauern die einzelnen Übungen nur rund sechs Minuten. Lass dich ganz darauf ein, um dich zu entspannen, neue Kraft zu tanken und deine Selbstliebe zu stärken.

Gewohnheit EINS

Ankommen im Hier und Jetzt

Bei dieser kleinen Gewohnheit werden Achtsamkeit, Selbstfürsorge und Neugierde kombiniert, damit du deine Sinne ganz auf den aktuellen Moment konzentrieren kannst. Wenn du dich mithilfe dieser Übung entspannt hast, wird es dir leichter fallen, auf deine positiven Ressourcen zurückzugreifen.

1. Finde einen Ort, wo du die nächsten Minuten ganz ungestört für dich sein kannst. Nimm eine bequeme, sitzende Position ein und schließe deine Augen.
2. Komme an, indem du einige Male ruhig ein- und ausatmest.

Verändere dabei nichts am natürlichen Fluss deines Atems, sondern konzentriere dich einfach nur darauf, wie dein Atem in deinen Körper hinein- und danach ganz von selbst wieder hinausfließt. Spüre, welche Veränderungen dein Körper dabei durchläuft, wie deine Bauchdecke sich hebt und senkt und wie sich dein Brustkorb weitet und wieder zusammenzieht.

3. Lasse deine Augen noch sanft geschlossen, aber öffne deine übrigen Sinne. Höre auf die Geräusche, die dich umgeben, spüre die Raumtemperatur auf deiner Haut, lenke deinen Fokus auf Düfte und Gerüche. Was schmeckst du in diesem Augenblick?
4. Schenke dir ein sanftes Lächeln. Mit diesem Lächeln sendest du eine Botschaft der Freundlichkeit an deine Seele und befreist dich von dem Stress, der auf deinen Schultern lastet.
5. Öffne langsam deine Augen und lass deinen Blick wandern. Suche nicht nach konkreten Objekten, sondern lenke deine Augen auf überraschende oder faszinierende kleine Details. Möglicherweise ist es das Spiel von Licht und Schatten an der Wand, das heute deine Aufmerksamkeit fesselt, oder das Muster deines Teppichs.
6. Tauche tief in die Details dieser besonderen Dinge ein. Beschreibe im Geiste die Formen, Farben und Texturen – so, als würdest du sie heute zum ersten Mal sehen. Lass dabei alle Bewertungen oder Gedanken los. Sei einfach da und staune über die wundervollen Details, die dich Tag für Tag umgeben, auch wenn du sie oft gar nicht richtig wahrnimmst.
7. Atme weiterhin ruhig ein und aus. Dein Atem ist dein Begleiter, der dir hilft, dich im Hier und Jetzt zu verankern. Wann immer deine Gedanken abschweifen, lenke deinen gedanklichen Fokus wieder zurück auf deinen natürlichen Atemrhythmus.
8. Gönne dir einen Augenblick der Dankbarkeit für all die Dinge, die du während der Übung neu entdeckt hast. Kehre dann langsam zurück, indem du deine Hände und Füße bewegst und dich einmal genüsslich streckst.

Diese Übung kannst du regelmäßig machen, um dich aus deinem Alltagsstress zu befreien und Zukunftsängste sowie Grübeleien über die Vergangenheit loszulassen. Du stärkst damit deine Fähigkeit zur Achtsamkeit, schärfst deine Sinne und förderst deine Resilienz.

Gewohnheit ZWEI

Positive Gefühle erkennen und stärken

Wenn wir unsere positiven Gefühle ganz bewusst erkennen und fühlen, können wir sie verinnerlichen und geben dem Negativen nicht mehr so viel Raum. Diese Übung soll dir auf spielerische und kreative Weise helfen, deine positiven Gefühle zu erkennen, zu stärken und zu deinem Vorteil zu nutzen.

1. Begib dich an einen ungestörten Ort, an dem du dich wohlfühlst – egal, ob drinnen oder draußen.
2. Schließe deine Augen und entspanne deine Muskeln. Atme dreimal tief ein und langsam wieder aus. So zentrierst du dich und kommst im aktuellen Moment an.
3. Stell dir vor deinem inneren Auge einen großen Fächer vor. Dies ist dein Fächer der positiven Gefühle. Male ihn dir so detailliert wie möglich aus.

4. Denke an die Farben, die für dich für positive Gefühle stehen. Das könnten zum Beispiel Gelb für Freude, Rot für Liebe, Blau für Ruhe und Grün für Hoffnung sein.
5. Öffne deinen Gefühlsfächer gedanklich. Jede Farbe des Fächers symbolisiert dabei ein positives Gefühl.
6. Wähle intuitiv eine Farbe des Fächers aus, die dich heute besonders anspricht. Sie steht für das positive Gefühl, dem du dich in den nächsten Minuten widmen wirst.
7. Tauche ganz in die ausgewählte Emotion ein. Stelle dir das Gefühl lebhaft vor, indem du dich an Momente in deinem Leben erinnerst, in denen du es intensiv gespürt hast.
8. Konzentriere dich mit all deinen Sinnen auf dieses Gefühl. Wie klingt es, wie riecht es, wie sieht es aus, wie fühlt es sich an und wie schmeckt es?
9. Lass das positive Gefühl mit deiner tiefen und bewussten Atmung durch deinen ganzen Körper fließen. Spüre ihm nach, solange du möchtest.
10. Beende die Übung, indem du deinen Gefühlsfächer langsam wieder schließt.
11. Spüre der positiven Energie, die du mit dieser Praxis aufbauen konntest, noch einige Momente lang nach. Nimm einen tiefen Atemzug und fühle die Dankbarkeit für die zahlreichen positiven Gefühle, die du in dir trägst.
12. Öffne deine Augen langsam wieder und komme zurück in den gegenwärtigen Moment.

Wenn du möchtest, kannst du dir notieren, welchem Gefühl du heute nachgespürt hast und welche Erfahrungen du dabei gesammelt hast. So verankert sich das positive Gefühl noch stärker in deiner Wahrnehmung. Integriere diese kleine Gewohnheit in deinen Alltag, um in Zukunft deinen Fokus auf die positiven Dinge zu lenken. So kannst du die Verbindung zu deinen inneren Ressourcen stärken, was dir in herausfordernden Zeiten eine wertvolle Stütze sein wird.

Gewohnheit DREI

Tägliches Selbstkompliment

Die folgende Übung wird deine Selbstwahrnehmung positiv beeinflussen und deine Fähigkeit stärken, liebevoll mit dir selbst umzugehen. Führe sie am besten am Abend unmittelbar vor dem Schlafengehen durch.

1. Stelle sicher, dass du die nächsten Minuten ungestört bist. Setze dich bequem auf einen Stuhl oder auf deine Bettkante und versuche, all deine Muskeln zu entspannen. Einige tiefe Atemzüge werden dir dabei helfen. Atme bewusst ein und aus, um im gegenwärtigen Moment anzukommen.
2. Denke an eine Eigenschaft, eine Handlung oder eine Entscheidung von heute, auf die du stolz bist oder die du an dir schätzt. Vielleicht musst du eine Weile nachdenken, aber sicher fällt dir etwas ein. Es kann auch etwas ganz Kleines sein – etwa das freundliche Lächeln, das du der älteren Dame heute geschenkt hast.
3. Lasse diesen positiven Moment in deinem Geist lebendig werden und formuliere darauf aufbauend ein Selbstkompliment: „Ich war heute sehr freundlich zu der älteren Frau. Mein Lächeln hat sie sichtlich erfreut. Das war eine nette Geste von mir.“ Spüre die Wärme, die dieses Selbstkompliment in dir auslöst.
4. Öffne langsam die Augen und sage das Selbstkompliment laut in die Stille des Raumes. Wiederhole es ein paar Mal, um es zu verinnerlichen.
5. Lasse die Gefühle, die mit deinem heutigen Selbstkompliment verbunden sind, in deinem Inneren nachhallen. Stelle dir bildlich vor, wie sich dieses positive Gefühl langsam in deinem ganzen Körper ausbreitet.

6. Spüre tief in dir die Dankbarkeit für diese Eigenschaft oder Handlung, die du an dir schätzt. Erkenne an, dass du es verdient hast, dir selbst Komplimente zu machen – auch, wenn es nur um Kleinigkeiten geht.
7. Bringe deine Aufmerksamkeit zurück in den gegenwärtigen Moment und lenke sie noch einmal auf deine Atmung. Spüre nach, wie sich dein Geist und Körper nach dieser Übung anfühlen. Wenn du möchtest, dann mach dir einige Notizen dazu.

Wiederhole diese Übung am besten einmal täglich. Nutze die sechs Minuten, um dich liebevoll an deine eigenen Stärken und Erfolge zu erinnern. Das wird nach und nach dazu führen, dass du dich selbst positiver wahrnimmst und deine Beziehung zu dir selbst stärkst. Indem du dir regelmäßig selbst Komplimente machst, wirst du deine Fähigkeit zur tiefen Selbstliebe weiterentwickeln und deine Resilienz auf eine liebevolle Art fördern.

Gewohnheit VIER

Wohlwollende Selbstgespräche

Die meisten von uns neigen dazu, sehr selbstkritisch zu sein und gehen im Selbstgespräch hart mit sich ins Gericht. Diese Übung ermöglicht es dir, deine innere Sprache bewusst zu lenken. Sie stärkt deine Selbstwahrnehmung und hilft dir, liebevoller mit dir selbst umzugehen.

1. Setze dich an einem ruhigen Ort bequem hin und gönne dir einige tiefe und bewusste Atemzüge. Finde deine innere Mitte.
2. Nimm bewusst wahr, wie du mit dir selbst sprichst. Beobachte die Gedanken und inneren Dialoge, die ganz von allein in deinem Geist

auftauchen.
3. Achte auf selbstkritische oder abwertende Gedanken, die auftauchen. Sie zeigen sich durch Selbstzweifel, Ängste oder Unsicherheiten.
4. Sobald du einen solchen Gedanken bemerkst, sage dir innerlich sanft „Stopp“. Damit signalisierst du dir, dass du die Möglichkeit hast, diesen Gedanken zu verändern.
5. Ersetze den selbstkritischen Gedanken bewusst durch einen positiven, unterstützenden Gedanken. Denkst du beispielsweise „Ich schaffe das nicht“, dann ersetze diesen Gedanken durch „Es ist eine Herausforderung, die ich meistern kann.“
6. Visualisiere den positiven Gedanken vor deinem inneren Auge als aufblühende Blume, die ein helles Licht ausstrahlt und dich mit ihrer positiven Energie durchströmt.
7. Wiederhole den positiven Gedanken als Affirmation einige Male in deinem Geist. Fühle die Kraft deiner Worte und male dir aus, wie die Gedankenblume starke Wurzeln in deinem Inneren bildet.
8. Öffne sanft die Augen und spüre dem positiven Gefühl, das dieses innere Selbstgespräch in dir hinterlassen hat, noch eine Weile nach. Lass deinen Atem dabei ganz natürlich fließen.

Nutze diese Übung, um deine Selbstgespräche ganz gezielt ins Positive zu lenken. Mit der Zeit wirst du eine liebevolle und unterstützende innere Stimme entwickeln, die dich durch deinen Alltag begleitet. Die wohlwollenden Gedankenmuster werden ein Teil von dir, sodass du deine Selbstwahrnehmung positiv beeinflussen kannst und deine Resilienz stärkst.

Gewohnheit FÜNF

Achtsamkeit beim Essen

Isst du oft im Stehen, in der Bahn, direkt am Arbeitsplatz, wenn dein Alltag stressig ist, und schlingst dein Essen einfach hinunter? Dann ist diese Übung für dich. Sie lässt sich ohne großen zusätzlichen Zeitaufwand in den Alltag integrieren, beruhigt und entspannt. Eine erhöhte Achtsamkeit beim Essen ermöglicht dir, eine bewusste Verbindung zu deiner Nahrung herzustellen und sie in vollen Zügen zu genießen. Sie verbindet deinen Körper und deinen Geist und trägt zu einer guten Selbstfürsorge bei.

1. Führe die Übung durch, wenn du möglichst ungestört bist. Setze dich bequem, aber aufrecht an den Tisch und platziere dein Essen vor dir.
2. Beginne mit einigen tiefen Atemzügen. Spüre, wie du mit jedem Atemzug ruhiger wirst und in den aktuellen Moment eintauchst.
3. Schaue dir dein Essen genau an. Beachte die Farben, Formen und Texturen der Nahrung vor dir und nimm alle Details genau wahr.
4. Rieche sanft an deinem Essen. Welche Aromen kannst du wahrnehmen? Wie sprechen diese deine Sinne an?
5. Berühre bewusst die Oberfläche deiner Nahrung mit deinen Fingern. Ist das Essen warm oder kalt? Ist es feucht oder trocken? Welche Textur hat es?
6. Nimm eine kleine Portion deiner Nahrung und probiere sie langsam. Konzentriere dich darauf, wie sie schmeckt und wie sich die Geschmacksrichtungen nach und nach entfalten.
7. Kaue bewusst und achtsam. Höre genau hin, wie die Nahrung klingt, während du abbeißt und kaust.
8. Lasse dich vom Geschmack und der Erfahrung des Essens voll und ganz erfüllen. Denke daran, wie dieses Essen zu deinem Wohlbefinden

beiträgt. Sei dankbar für diese köstliche Mahlzeit und danke dir selbst für die Zeit der Achtsamkeit, die du diesem Gericht geschenkt hast.
9. Wenn du mit dem Essen fertig bist, bringe deine Aufmerksamkeit sanft zurück in den gegenwärtigen Moment. Spüre nach, wie sich dein Geist und Körper nach dieser Übung anfühlen. Bist du angenehm gesättigt? Fühlst du dich entspannt? Wenn du noch Zeit und Lust hast, kannst du deine Eindrücke notieren.

Genieße eine Mahlzeit am Tag auf die beschriebene achtsame Weise! Egal, ob eine Hauptmahlzeit oder ein Snack zwischendurch – wichtig ist nur, dass du dein Essen mit allen Sinnen genießt.

Gewohnheit SECHS

Körperscan

Der Körperscan gehört zur Achtsamkeitspraxis und ermöglicht es dir, eine tiefe Verbindung zu deinem Körper herzustellen. Während deines Scans verweilst du im gegenwärtigen Moment und bringst deine Seele und deinen Körper sanft in Einklang. Diese Übung wird deine Körperwahrnehmung stärken und dich dabei unterstützen, körperliche Empfindungen ohne Bewertung zu erfahren.

1. Die Übung sollte an einem ruhigen, bequemen Ort stattfinden. Stelle sicher, dass du für einige Minuten ungestört bist. Am besten ist es, wenn du während deines Körperscans ganz entspannt auf einer weichen Unterlage liegst.
2. Schließe deine Augen sanft und beginne mit einigen tiefen Atemzügen. Atme tief ein, halte den Atem für einige Sekunden sanft an und lass die Luft dann langsam wieder aus deinem Körper strömen.

Wiederhole dies fünfmal, um zur Ruhe zu kommen und dich nur auf dich zu konzentrieren.

3. Beginne mit deinem Körperscan und reise mit deiner Aufmerksamkeit durch deinen ganzen Körper. Richte deine Wahrnehmung zuerst auf deine Zehen. Spüre, wie sie sich anfühlen, ohne sie zu bewegen. Sind sie warm oder kalt? Entspannt oder angespannt? Verändere nichts, sondern nimm alle Empfindungen einfach nur wahr.
4. Wandere mit deiner Aufmerksamkeit langsam zu den Fußsohlen, den Füßen, den Knöcheln, den Waden und so weiter. Arbeite dich schrittweise durch jeden Körperteil – ganz ohne Eile.
5. Halte bei jedem Körperteil einen Moment inne und spüre bewusst die Empfindungen, die dort vorhanden sind. Es können beispielsweise Empfindungen von Druck, Wärme, Kälte, Kribbeln, Anspannung oder Entspannung sein.
6. Während du mit deinem Fokus durch deinen Körper reist, vermeide jegliche Bewertung. Erlaube deinen Empfindungen, einfach so zu sein, wie sie sind, ohne sie zu verändern.
7. Falls deine Gedanken abschweifen, bringe deine Aufmerksamkeit sanft zurück zum Körperscan. Erkenne diese Ablenkungen ohne Urteil und fahre dann an der Stelle deines Körpers fort, an der du zuletzt mit deiner Aufmerksamkeit warst.
8. Nutze deine Atmung als Anker. Wenn du dich verloren fühlst, werde dir deiner Atemzüge bewusst, um dich wieder auf die Übung zu fokussieren.
9. Wenn du den Körperscan abgeschlossen hast und beim Kopf angekommen bist, richte deine Aufmerksamkeit auf deinen gesamten Körper. Wie fühlt er sich an?
10. Bringe deinen Fokus zurück in die Realität und öffne deine Augen. Spüre nach, wie sich dein Geist und Körper jetzt anfühlen.

Deine verbesserte Körperwahrnehmung wird dir helfen im Alltag achtsamer und präsenter zu sein.

Kapitel sieben

Das Auge des Sturms: Gelassenheit in der Krise

Gerade, wenn dein Alltag hektisch ist und dich immer wieder herausfordert, ist die innere Gelassenheit eine Fähigkeit von unschätzbarem Wert. Um die Kunst, inmitten von Herausforderungen und Krisen deine innere Ruhe zu finden, soll es in diesem Kapitel gehen – darum, im Auge des Sturms einen klaren Kopf zu bewahren.

In den nächsten Abschnitten findest du Werkzeuge, die dir helfen, Stress besser zu bewältigen, Ruhe im Chaos zu finden und den Weg zu deiner inneren Stärke zu ebnen. Natürlich habe ich dir wieder einige Gewohnheiten mitgebracht, mit denen es dir gelingen wird, durch das praktische Instrument der Achtsamkeit mehr innere Ruhe zu erlangen. Ich lade dich dazu ein, eine tiefe Gelassenheit in dein Leben zu holen, um in den stürmischen Zeiten deines Lebens einen ruhigen Hafen zu finden. Auf geht es zu einer Reise, die dich lehrt, das Auge des Sturms als Ort der Klarheit und Ruhe zu nutzen.

Die Ruhe im Chaos finden

Hast du auch manchmal das Gefühl, deinem Leben nur noch hinterher zu hetzen und kaum eine Verschnaufpause zu haben? Inmitten der Hektik und Unruhe des modernen Lebens kann es eine immense Herausforderung sein, einen kleinen Moment der Ruhe zu finden. Doch genau in diesen Tagen, die von Stress und Hektik geprägt sind, liegt die Gelegenheit, die Ruhe zu entdecken – und zwar mitten im Chaos. Mit den nun folgenden Strategien wird es dir gelingen, selbst in den turbulentesten Zeiten einen inneren Zufluchtsort der Gelassenheit für dich zu schaffen:

- **Regelmäßige Atempausen:** Gönne dir mehrmals am Tag kleine Atempausen. Dafür ist immer Zeit – egal, wie voll dein Terminkalender ist! Nimm dir bewusst einige Augenblicke Zeit, um tief ein- und auszuatmen. Diese kurzen Atempausen können dir helfen, den Moment zu verlangsamen und deinen Fokus neu auszurichten. Eine Minute pro Atempause reicht völlig aus. Um deine Atempausen anfangs nicht zu vergessen, kannst du entsprechende Apps für das Smartphone nutzen, die dich daran erinnern.
- **Bewusstheit im Alltag:** Versuche, deinen Alltag bewusster zu erleben. Achte auf die kleinen Momente in deinem Leben – das Geräusch des Wassers beim Duschen, der Duft der Seife, der Geschmack deiner Mahlzeiten oder der Wind auf deiner Haut. Durch bewusstes Erleben dieser Momente kannst du dich auch an stressigen Tagen immer wieder aus dem Gedankenkarussell ausklinken und dich im gegenwärtigen Augenblick verankern.
- **Prioritäten setzen:** Nutze kurze Augenblicke, um deine Prioritäten noch einmal zu überdenken. Was ist wirklich wichtig? Konzentriere dich gerade bei Stress nur auf das Wesentliche.
- **Kurze Meditationspausen:** Meditationen sind der Schlüssel, um deine innere Ruhe und Gelassenheit zu finden. Egal, wie turbulent dein Alltag ist, mache immer wieder kurze Meditationen. Fünf Minuten am Tag können vollkommen ausreichend sein. Schließe die Augen und konzentriere dich für einige Minuten nur auf deinen Atem. Lass die Gedanken ohne Bewertung vorüberziehen. Die regelmäßige Meditationspraxis beruhigt deinen Geist. Du klinkst dich aus der Hektik aus und konzentrierst dich für einige Minuten nur auf dich, deinen Körper und deinen Geist.
- **Loslassen üben:** Wenn du an Dingen festhältst, die außerhalb deiner Kontrolle liegen, ist innere Unruhe vorprogrammiert. Lerne, all die

Dinge loszulassen, die du nicht ändern kannst. Auf diese Weise wirst du innerlich viel freier und unbekümmerter.

- **Die Nähe zur Natur suchen:** Die Natur ist eine perfekte Ruhequelle, die für uns alle jederzeit kostenfrei zugänglich ist. Suche bewusst Momente der Stille im Freien. Genieße einen Spaziergang im Park oder lass für einen Augenblick auf deinem Balkon die Seele baumeln.

Versuche, so viele der genannten Praktiken wie möglich in deinen Alltag zu integrieren. Dann wirst du allmählich lernen, wie du die Ruhe im Chaos findest. Egal, wie stürmisch es gerade in deinem Außen zugeht, du kannst alles aushalten, solange du in der Lage bist, dein Inneres bei Bedarf mit tiefer Ruhe zu erfüllen.

Den Umgang mit Stress und Druck beherrschen

Stress und Druck sind allgegenwärtige Begleiter in deinem Alltag? Doch wie wir mit Druck und Stress umgehen, kann einen großen Unterschied für unser Wohlbefinden und auch für unsere Resilienz ausmachen. Hier sind Techniken und Strategien, mit denen du Stress und Druck effektiv bewältigen und deine innere Stärke fördern kannst.

- **Progressive Muskelentspannung:** Stress, Ängste, Termindruck und Unsicherheiten führen dazu, dass sich die Muskeln in deinem Körper verspannen. Das kann zu unangenehmen Schmerzen führen. Die progressive Muskelentspannung setzt genau hier an. Es ist eine bewährte Methode, um körperliche Anspannung abzubauen und Stress abzumildern. Diese Technik arbeitet mit der bewussten Anspannung und Entspannung verschiedener Muskelgruppen im Körper, um eine tiefere Entspannung zu erreichen. Wenn du diese Übung regelmäßig praktizierst, kannst du durch Stress und Druck entstehende Spannungen loslassen und dich insgesamt gelassener fühlen.
- **Stressoren identifizieren:** Fertige eine Liste aller Stressoren in deinem Leben an. Identifiziere dann diejenigen, die du beeinflussen kannst, und finde praktische Lösungen, um besser mit ihnen umzugehen. So kannst du den Stress in deinem Leben reduzieren. Bei den

Stressoren, die außerhalb deiner Kontrolle liegen, übe weiterhin das Akzeptieren und Loslassen. Auch das kann den Druck, der auf deinen Schultern lastet, etwas abmildern.

- **Effektives Zeitmanagement:** Strukturiere deinen Tag mit klaren Zeitblöcken für verschiedene Aufgaben. Priorisiere die einzelnen To-dos anhand ihrer Wichtigkeit. Plane aber auch Pausen ein, um eine Überlastung zu verhindern. Ein effektives Zeitmanagement kann den Druck reduzieren und deine Produktivität nachhaltig steigern.
- **Selbstfürsorge priorisieren:** Setze bewusst Zeit für deine Selbstfürsorge ein. Finde etwas, das dir wirklich guttut – egal, ob es sich um Entspannungsübungen, Sport, Lesen oder andere Hobbys handelt. Diese Aktivitäten können dir helfen, Stress abzubauen und deine Akkus neu aufzuladen.
- **Gedankliche Umstrukturierung:** Mit etwas Übung lernst du, negative Gedankenmuster zu erkennen und deine Gedanken umzustrukturieren. Statt in unnötiges Katastrophendenken zu verfallen, betrachte schwierige Situationen aus verschiedenen Perspektiven. Finde kreative neue Ansätze und ersetze destruktive Gedanken durch eine unterstützende, positive Sichtweise.

Versuche mithilfe dieser Techniken, Stress und Druck in deinem Leben besser zu bewältigen. Wenn du lernst, mit Stressoren auf eine gesunde und konstruktive Weise umzugehen, stärkst du automatisch auch deine Resilienz. So kannst du aus stressigen Situationen sogar noch etwas Positives mitnehmen.

Den Weg zur inneren Stärke ebnen

Wenn du dich in einer persönlichen Krise befindest, wird deine innere Stärke auf die Probe gestellt. Die Grundlage für eine solide Resilienz liegt daher in der Entwicklung und Stärkung deiner inneren Ressourcen. Mit den folgenden Hilfestellungen und praktischen Ansätzen kannst du widerstandsfähiger gegenüber den Herausforderungen des Lebens werden und Krisen besser überstehen.

Kultiviere Selbstakzeptanz

Eine der mächtigsten Quellen innerer Stärke liegt in der Selbstakzeptanz. Wir alle neigen dazu, uns selbst zu kritisieren und uns mehr auf unsere Schwächen als auf unsere Stärken zu fokussieren. Doch Resilienz entsteht auch aus der Fähigkeit, dass du dich selbst bedingungslos annehmen kannst, mit all deinen Stärken und Schwächen.

Definiere deine persönlichen Werte

Wenn du klare persönliche Werte hast, kannst du diese als inneren Kompass verwenden. Er leitet dich durch die stürmischen Momente deines Lebens. Nimm dir Zeit, um zu reflektieren, was dir wirklich wichtig ist. Welche Werte leiten deine Entscheidungen und Handlungen? Wenn du deine Werte identifizierst und es schaffst, danach zu leben, wirst du eine tiefe innere Verankerung finden, die dir in Krisen Halt gibt.

Vertraue deinen Fähigkeiten

In Krisenzeiten kann es schwierig sein, den Glauben an die eigenen Fähigkeiten nicht zu verlieren. Denke an Herausforderungen zurück, die du erfolgreich gemeistert hast: Deine Erfahrungen zeigen dir, dass du über die Fähigkeiten verfügst, die du brauchst, um Schwierigkeiten zu bewältigen. Erinnere dich an deine Erfolge – ganz egal, wie klein sie auch sein mögen. Auf diese Weise kannst du dein Selbstvertrauen stärken und dir in schwierigen Zeiten neuen Mut geben.

Arbeite mit positiven Affirmationen

Deine inneren Dialoge haben eine starke Auswirkung auf deine Resilienz. Nutze immer wieder bewusst positive Affirmationen, um deine Selbstwahrnehmung zu stärken. Formuliere positive und unterstützende Sätze, die deine Stärken und Fähigkeiten betonen:

- Ich bin voller Energie und Lebensfreude.
- Ich bin stark und bewältige jede Herausforderung, die mir begegnet.
- Ich vertraue auf meine Fähigkeiten und glaube an mich selbst.
- Jeder Tag bringt neue Chancen und ich bin bereit, sie zu nutzen.
- Ich lasse alte Ängste los und öffne mich für neue Möglichkeiten.
- Ich gehe mutig meinen Weg und überwinde alle Hindernisse.
- Ich bin in der Lage, mich selbst zu heilen und meine innere Balance wiederherzustellen.
- Ich lebe im Hier und Jetzt und schätze jeden Moment.
- Ich verdiene Liebe, Glück und Erfolg in meinem Leben.
- Ich strahle Selbstvertrauen aus und ziehe positive Situationen in mein Leben.
- Ich erschaffe mir ein Leben voller Freude, Liebe und Erfüllung.

Wiederhole die Affirmationen regelmäßig im Geiste oder sage sie laut vor dem Spiegel auf. Du wirst merken, dass deine Denkweise mit der Zeit optimistischer wird.

Betrachte Resilienz als Fähigkeit

Deine eigene Resilienz ist eine individuelle Fähigkeit, die du kontinuierlich weiterentwickeln kannst. Jede Herausforderung kann dabei eine Chance und Lernmöglichkeit sein, um deine innere Stärke zu festigen. Je öfter du mit Schwierigkeiten umgehst, desto mehr wächst auch deine Fähigkeit zur Resilienz.

Errichte dir ein Netzwerk der Unterstützung

Umgib dich mit Menschen, die dir Rückhalt bieten. Teile deine Gedanken und Gefühle mit ihnen und sei offen für ihre Ratschläge und

Ermutigungen. Ein starkes soziales Netzwerk fördert deine innere Stärke und somit auch deine Resilienz.

Nutze die Selbstfürsorge als Kraftquelle

Durch die Pflege deiner eigenen Bedürfnisse ebnest du auch den Weg zur inneren Stärke. Achte nicht nur auf deine körperliche Gesundheit, sondern sorge auch für deine seelische Ausgeglichenheit und dein emotionales Wohlbefinden. Behandle dich selbst respektvoll und gönne dir Zeit nur für dich. Das verbessert deine innere Stärke und du kannst den Stürmen deines Lebens besser trotzen.

KLEINE GEWOHNHEITEN ZU KAPITEL 7: ACHTSAMKEIT ALS WERKZEUG ZUR INNEREN RUHE

Wenn du dich in einer persönlichen Krise befindest, können kleine, bewusst gewählte Gewohnheiten eine große Kraft entfalten und sich positiv auf dein Leben auswirken. Sie dienen als Anker, der dich in Augenblicken der Unruhe und in Zeiten des Stresses immer wieder an deine innere Ruhe erinnert.

Entdecke die Achtsamkeit als Werkzeug zur inneren Ruhe. Die im Folgenden vorgestellten, einfachen und doch wirkungsvollen Übungen werden dir helfen, im Auge des Sturms die Ruhe zu finden und deine Resilienz wachsen zu lassen.

Gewohnheit EINS

Wie fühle ich mich?

Diese einfache Aufmerksamkeitsübung hilft dir dabei, einen kurzen Moment der Selbstreflexion und der Achtsamkeit zu schaffen. Sie lässt dich auch in Krisen und stressigen Zeiten eine Verbindung zu deinen aktuellen Emotionen herstellen, sodass du dich bewusst mit deinem inneren Zustand auseinandersetzen kannst.

1. Suche einen ruhigen und ungestörten Ort. Setze dich bequem hin, bleibe stehen oder lege dich auf eine komfortable Unterlage – so, wie es dir am angenehmsten ist.
2. Beginne die Achtsamkeitsübung, indem du tiefe Atemzüge nimmst. Konzentriere dich auf den Rhythmus deines Atems und lasse so deine

Gedanken zur Ruhe kommen. Schließe sanft deine Augen.

3. Richte deine Aufmerksamkeit vom Außen ins Innere. Spüre, wie dein Körper auf dem Stuhl oder der Unterlage ruht. Nimm wahr, an welchen Stellen dein Körper mit seiner Umgebung verbunden ist.
4. Frage dich selbst: „Wie fühle ich mich gerade?“ Lass alle Gedanken und Emotionen in dir aufsteigen, ohne sie zu bewerten. Begrüße jedes Gefühl, egal ob es Freude, Ärger, Gelassenheit, Unsicherheit oder Unruhe ist.
5. Vertiefe deine Achtsamkeit, indem du deine Emotionen genauer erkundest. Nimm dir kurz Zeit, um die Feinheiten deiner Gefühle zu erfassen. Spüre, ob du ein Engegefühl in der Brust wahrnimmst, ein Kribbeln im Bauch oder Spannungen im Nacken. Diese feinen Empfindungen sind Hinweise auf deine Gefühle.
6. Gib deinem aktuellen Gefühl einen Namen. Dies hilft, es zu identifizieren und dich bewusst damit auseinanderzusetzen.
7. Akzeptiere deine Emotionen, egal, wie sie sind. Verurteile dich nicht für das, was du fühlst. Emotionen sind natürliche Reaktionen auf Erfahrungen. Alle Gefühle dürfen da sein.
8. Kehre wieder zu deinem Atem zurück. Atme bewusst ein und aus, während du deine Aufmerksamkeit auf die Atmung lenkst.
9. Beende die Übung mit einem Moment der Dankbarkeit für diese bewusste Selbstreflexion.
10. Öffne deine Augen und nimm dein Tagebuch zur Hand. Notiere deine Antwort auf die Frage „Wie fühle ich mich?“ möglichst detailliert. Benenne alle Gefühle, die du während der Übung gespürt hast.

Diese Übung kannst du morgens, in der Mittagspause oder direkt vor dem Schlafengehen machen: Die kleine Gewohnheit hilft dir, deine Emotionen zu erkennen. Dadurch wirst du achtsamer mit dir selbst und deinen Bedürfnissen umgehen. Ein wichtiger Schritt zur Stärkung deiner Resilienz in der Krise!

Gewohnheit ZWEI

Wassermeditation: Mit dem Fluss des Wassers verbinden

Diese außergewöhnliche Wassermeditation lädt dich zu einer Reise zur Gelassenheit ein. Während der Übung erkundest du die beruhigende Präsenz des Wassers und verbindest dich gedanklich mit der Fließbewegung, kommst zur Ruhe und findest deine innere Stärke wieder, auch wenn dein Leben gerade nicht einfach ist.

1. Für diese Übung benötigst du einen ruhigen Ort in der Nähe von Wasser – sei es ein See, Fluss, Bach oder Teich. Setze dich bequem in die Nähe des Ufers.
2. Schließe sanft deine Augen und spüre den Boden unter dir.
3. Nimm drei tiefe Atemzüge, um dich zu erden und mit dem Augenblick zu verbinden. Finde dann zu deinem natürlichen Atemrhythmus zurück und beobachte deine Atmung noch für einen Moment.
4. Öffne deine Augen langsam und richte deinen Blick auf das Wasser vor dir. Betrachte die Oberfläche und wie sie sich je nach Bewegung und Lichteinfall verändert. Nimm Reflexionen und Schattenspiele wahr.
5. Lausche bewusst den Geräuschen des Wassers. Höre auf das sanfte Plätschern des Baches, das Rauschen des Flusses oder einfach auf die ruhige Stille des Sees. Fokussiere dich ganz auf deinen Hörsinn und schließe deine Augen wieder.
6. Stelle dir vor deinem inneren Auge vor, wie du eine Verbindung mit dem Wasser herstellst. Male dir bildhaft aus, wie du in das Wasser eintauchst und mit seiner sanften Bewegung mitschwingst.
7. Lass deine Gedanken wie Wasser fließen. Wenn Gedanken auftauchen, lasse sie kommen und gehen, ohne dich an ihnen festzuhalten.

Wenn du mit deinen Gedanken abschweifst, lenke deine Wahrnehmung wieder behutsam auf das Wasser zurück.

8. Erkenne, dass sich das Wasser in seiner natürlichen Fließbewegung analog zu den Höhen und Tiefen in deinem Leben verhält. Kein Moment ist unendlich, alles vergeht – das Gute ebenso wie das Schlechte.
9. Sage dir die folgenden Affirmationen einige Male gedanklich auf: „Das Wasser fließt in mir, und mit ihm fließt Ruhe und Klarheit. Wie das Wasser bin ich anpassungsfähig und finde in Veränderung meine Kraft. Ich lasse die Wellen des Lebens mich tragen und finde Gelassenheit in ihrem Rhythmus."
10. Lenke deinen Fokus zurück auf deinen Atem. Gönne dir drei tiefe Atemzüge und spüre deiner Meditation nach. Kehre dann ins Hier und Jetzt zurück, indem du deine Hände und Füße sanft bewegst. Öffne langsam die Augen und führe deine Hände vor deinem Herz zusammen. Bedanke dich bei dir selbst dafür, dass du dir die Zeit für diese besondere Meditation genommen hast.

Eine Wassermeditation jeden Tag zu machen, ist für viele wahrscheinlich schwierig. Das ist nicht schlimm, aber versuche regelmäßig – vielleicht einmal pro Monat – am Wasser zu meditieren. Nach und nach lernst du, die Gelassenheit des Wassers in dir zu tragen und daraus neue Energie zu schöpfen.

Gewohnheit DREI

Aufmerksamkeit lenken lernen

In deinem Alltag sind Ablenkungen allgegenwärtig. Wenn du in der Lage bist, deine Aufmerksamkeit bewusst zu lenken, kannst du dich auch in Krisenzeiten auf die Dinge fokussieren, die dir gerade guttun. Diese kleine Gewohnheit hilft dir, deine Aufmerksamkeit zu trainieren und sie gezielt auf das zu lenken, was du gerade erlebst. So lernst du, inmitten von Stress und Chaos einen klaren Geist zu bewahren.

1. Wähle für die Übung einen Ort, an dem du in den nächsten sechs Minuten ungestört bist. Das kann ein Zimmer in deiner Wohnung oder ein Platz in der Natur sein. Lege, setze oder stelle dich bequem hin.
2. Schließe die Augen und lenke deine Aufmerksamkeit zunächst auf deinen Atem. Ohne etwas an deiner Atmung zu verändern, beobachtest du einfach nur, wie der Atem in deinen Körper hinein- und wieder herausströmt. Nimm wahr, wie sich deine Bauchdecke hebt und senkt und wie sich dein Brustkorb öffnet und zusammenzieht. Konzentriere dich auf all die Stellen deines Körpers, an denen du deine Atmung spürst.
3. Richte deine Aufmerksamkeit jetzt auf deinen Körper. Wie fühlt er sich heute an? Nimm wahr, an welchen Stellen er mit dem Untergrund verbunden ist.
4. Öffne deine Augen und lass deinen Blick durch den Raum schweifen. Betrachte verschiedene Gegenstände ohne besondere Wertung. Nimm einfach nur die Farben, Formen und Details wahr.
5. Wähle intuitiv einen Punkt deiner Umgebung aus, auf den du deine Aufmerksamkeit lenken möchtest. Das kann zum Beispiel ein Bild an der Wand, eine Pflanze oder ein Objekt auf dem Tisch vor dir sein.
6. Betrachte dieses Element eingehend. Benenne seine Farben, Formen und Strukturen. Du kannst den Gegenstand auch in die Hand nehmen, um zu ergründen, wie er sich anfühlt. Lass alle anderen Gedanken los und sei ganz im Hier und Jetzt.
7. Wenn deine Aufmerksamkeit abschweift, bringe sie sanft zurück zu deinem gewählten Fokussierungspunkt.
8. Kehre zum Schluss mit deiner Aufmerksamkeit zurück zu deiner Atmung. Beobachte sie noch einige Momente lang, bevor du die Übung beendest.

Diese kleine Gewohnheit kannst du auf einfache Weise regelmäßig in deinen Alltag einbinden. Sie wird dir helfen, deine Aufmerksamkeit bewusster zu lenken und dich in stressigen Zeiten auf das Wesentliche zu konzentrieren. Dadurch, dass du deine Fähigkeit zur bewussten Wahrnehmung trainierst, kannst du gelassener bleiben und deinen Fokus bewahren, selbst wenn um dich herum das Chaos tobt.

Gewohnheit VIER

Achtsamer Tanz

Durch intuitives Tanzen kannst du eine tiefere Verbindung zu deinem Körper und deinen Emotionen herstellen. Beim achtsamen Tanz schwingst du im Rhythmus der Musik und findest Gelassenheit in der Bewegung.

1. Suche dir einen ruhigen Raum, in dem du dich frei und ungestört bewegen kannst. Wähle ein Lied aus, zu dem du heute gerne tanzen möchtest.
2. Stelle dich aufrecht hin und schließe die Augen. Atme tief ein und aus, um dich auf den Tanz einzustimmen.
3. Starte die Musik und höre ganz bewusst zu. Spüre, wie die Musik dich berührt und welche Emotionen sie auslöst.
4. Lasse dich von der Musik leiten und beginne, dich auf deine eigene Weise zu bewegen. Reagiere auf die Musik und tanze einfach intuitiv, ohne dich um bestimmte Tanzschritte zu kümmern.

5. Richte deine gesamte Aufmerksamkeit auf deinen Körper. Spüre, wie deine Muskeln sich bewegen, wie sich deine Gelenke öffnen und schließen, wie deine Hände durch die Luft gleiten.
6. Nimm wahr, welche Emotionen beim Tanzen in dir aufsteigen. Bewerte sie nicht und lass dich weiterhin von der Musik tragen.
7. Halte deine Aufmerksamkeit im Hier und Jetzt. Lasse Grübeleien über die Vergangenheit oder Sorgen über die Zukunft los und tauche vollständig in die Bewegung ein.
8. Lass deine Bewegungen allmählich abklingen, wenn auch die Musik sich dem Ende entgegen neigt. Stehe für einen Moment ruhig und spüre nach, wie dein Körper sich nach dem Tanz anfühlt.
9. Öffne die Augen und sei dir dankbar für diesen achtsamen Tanz. Nimm dir einen Moment, um in dieser positiven Energie zu verweilen.

Du kannst achtsam tanzen, wann immer du Lust dazu hast – morgens als energetischer Start in den Tag oder abends zur Entspannung. Mit der Zeit findest du durch Bewegung und Musik immer mehr Gelassenheit und stärkst deine Resilienz auf spielerische Weise.

Gewohnheit FÜNF

Gedankentheater

In dieser kreativen Übung wirst du deine Gedanken und Gefühle als Schauspieler auf einer imaginären Bühne betrachten. Dadurch wird es dir möglich, einen distanzierten und urteilsfreien Blick auf deine Gedanken und Emotionen zu werfen und dabei innere Ruhe zu finden.

1. Suche einen Ort, an dem du dich entspannen kannst. Lege dich am besten bequem hin und schließe die Augen.
2. Fokussiere dich auf deine Atmung. Spüre, wie sich dein Atem in deinem Körper ausbreitet und dann langsam wieder hinausfließt. Befreie dich so von deinen Sorgen und Ängsten, die dich aktuell heimsuchen.
3. Male dir vor deinem inneren Auge folgende Situation aus: du befindest dich in einem gemütlichen Theater mit einem Vorhang. Du sitzt im Publikum und schaust auf die Bühne.
4. Stelle dir vor, wie deine Gedanken und Gefühle als Schauspieler auf der Bühne auftreten. Sie agieren alle mit unterschiedlichen Eigenschaften und Persönlichkeiten.
5. Du bleibst in deiner Rolle im beobachtenden Publikum. Betrachte deine Gedanken und Gefühle, während sie auf der Bühne interagieren. Mal dir ihre Dialoge, Bewegungen und Handlungen im Detail aus.
6. Lass die Gedanken und Gefühle ihre Rollen spielen, aber bewerte sie nicht. Akzeptiere das Schauspiel auf der Bühne so, wie es ist, und bleibe ein neutraler Beobachter.
7. Versetze dich nun in die Lage des Regisseurs, der seine Schauspieler versteht und respektiert. Erkenne, dass alle Gedanken und Gefühle eine wichtige Rolle in deinem inneren Theater spielen.

8. Ergründe dabei, wie sich deine Gedanken und Gefühle aufeinander auswirken. Achte darauf, ob sie miteinander harmonieren oder Konflikte erzeugen.
9. Lass deine Vorstellung langsam verblassen und stell dir vor, dass sich der Vorhang schließt. Kehre in die Wirklichkeit zurück und spüre nach, wie du dich jetzt fühlst. Gerne kannst du dir dazu Notizen anlegen.

Nutze diese Übung, wenn du dich von deinen Gedanken überwältigt fühlst oder deine innere Welt erkunden möchtest. Sie ist eine kreative Möglichkeit, deine Gedanken und Gefühle aus der Distanz zu betrachten. Du kannst dadurch eine tiefere Verbindung zu deiner inneren Welt eingehen und in Krisenzeiten inneren Frieden finden.

Gewohnheit SECHS

Achtsamkeitsübung vor dem Spiegel

Mit dieser kleinen Achtsamkeitsübung vor dem Spiegel kannst du eine tiefere Verbindung zu dir selbst aufbauen, die dich durch schwierige Zeiten trägt und dir den Weg zu mehr innerer Stärke ebnet. Dabei lernst du, dass du gut und richtig bist, auch wenn das Leben um dich herum schwierig ist.

1. Vergewissere dich, dass du in den nächsten sechs Minuten ungestört bist. Stelle dich dann vor einen großen Wandspiegel.
2. Atme mit geschlossenen Augen einige Male tief ein und aus, um zur Ruhe zu kommen. Lass deine Atmung anschließend wieder ruhig und gleichmäßig fließen.
3. Öffne die Augen und schaue in den Spiegel. Betrachte dein eigenes Spiegelbild. Achte darauf, welche Gefühle in dir auftauchen, wenn du dich selbst ansiehst.

4. Beobachte deine Mimik und deinen Gesichtsausdruck. Erkennst du Anspannung, Entspannung, Angst, Zweifel, Sorge, Freude oder Neugier? Beobachte deine eigenen Gesichtszüge, als wärst du ein neutraler Beobachter, ohne sie zu bewerten.
5. Sieh dir tief in deine eigenen Augen, nimm ihre Weite wahr und entdecke die Geschichten, die sie erzählen.
6. Lächle dir selbst im Spiegel zu. Erkenne deine Einzigartigkeit an. Erlaube dir, dich in diesem Moment bedingungslos anzunehmen.
7. Sage leise oder in Gedanken eine positive Affirmation zu dir selbst, die heute zu dir passt. Zum Beispiel „Ich akzeptiere mich so, wie ich bin" oder „Ich bin schön und wertvoll".
8. Erinnere dich an die vielen Facetten deines Selbst und an die Erlebnisse, die dich geformt haben.
9. Beende die Übung mit einem Lächeln auf deinem Gesicht und bedanke dich bei dir selbst für die Zeit, die du dir genommen hast.

Integriere diese Übung am besten in deine Morgen- oder Abendroutine. Diese kleine Gewohnheit unterstützt dich dabei, dich selbst mit Mitgefühl und Wertschätzung zu betrachten. Du förderst damit deine Selbstakzeptanz und kannst dadurch auch besser mit Stress und Druck umgehen.

Kapitel acht

Die innere Balance: Mit kleinen Gewohnheiten zu mehr Resilienz

Wenn du an dieser Stelle des Buches angekommen bist, hast du bereits einen Großteil deiner spannenden Reise durch die Welt der Resilienz hinter dir. Auf deinem Weg hast du gelernt, wie du mit Veränderungen und Unsicherheiten umgehen kannst, deine innere Stärke erkundet, viel über dein soziales Sicherheitsnetz erfahren und deine persönliche Gelassenheit gestärkt. Du hast Wissen und Inspiration gesammelt und hast dein Leben mit kleinen regelmäßigen Gewohnheiten bereichert. Du spürst bereits, wie deine Resilienz langsam wächst.

In diesem Kapitel setzt du die Puzzleteile der vorhergehenden Kapitel zusammen, damit ein vollständiges Bild der Resilienz entsteht. Du erfährst, wie die Kraft der positiven Emotionen dir hilft, deine Widerstandsfähigkeit gegenüber den Herausforderungen des Lebens zu stärken. Positive Gefühle sind wie Sonnenstrahlen, die die Dunkelheit erhellen. Sie schaffen nicht nur Momente des Glücks, sondern helfen dir auch dabei, aus herausfordernden Zeiten gestärkt hervorzugehen. Lass dein Lachen, deine Dankbarkeit, deine Freude und andere positive Gefühle zu einem festen Bestandteil deiner Resilienz-Werkzeugkiste werden.

Außerdem tauchst du noch einmal tiefer in die Fähigkeit der Selbstregulation ein. Sie ermöglicht es dir, in stürmischen Zeiten einen klaren Kopf zu bewahren. Eine gute Stressbewältigung ist ein wertvolles Instrument, mit dem du deine Gedanken beruhigen und deine Entscheidungsfähigkeit verbessern kannst. Wende regelmäßig einfache Gewohnheiten zur Selbstregulation an, um deine Gedanken zu lenken, anstatt dich von ihnen überwältigen zu lassen.

Erfahre in diesem Kapitel, dass Resilienz nicht nur eine Eigenschaft deines Charakters ist, sondern ein praktisches Werkzeug. Lies hier, wie du die Stärke, die du aufgebaut hast, in verschiedenen Lebensbereichen ganz gezielt einsetzen kannst. Egal, ob es um berufliche Herausforderungen, persönliche Ziele oder zwischenmenschliche Beziehungen geht – deine Resilienz hilft dir dabei, wohlüberlegt und sinnvoll zu agieren.

Zum Schluss widmen wir uns in diesem Kapitel auch noch einmal der Macht der kleinen Gewohnheiten. Lies, wie du sie in deinen Alltag integrieren kannst, wie aus einfachen Übungen echte Gewohnheiten werden und wie du so deine innere Balance stärken kannst. Ich lade dich in diesem Kapitel dazu ein, die Erkenntnisse, die du gewonnen hast, auch in die Tat umzusetzen und die damit verbundenen Veränderungen anzunehmen, um eine tiefere innere Balance zu erfahren. Auf diese Weise wirst du bereit sein, die kommenden Herausforderungen in deinem Leben mit mehr Gelassenheit anzunehmen und daran zu wachsen.

Die Kraft der positiven Emotionen

Positive Emotionen ermöglichen dir nicht nur flüchtige Glücksmomente. Sie sind dein Anker, der deine Widerstandsfähigkeit gegenüber den Stürmen des Lebens stärken kann. Mit Freude, Dankbarkeit, Lachen und anderen positiven Emotionen wird es dir gelingen, in herausfordernden Zeiten Kraft zu tanken und dich wieder zu erden. Positive Emotionen sind wie kleine Ruhepausen. Sie begleiten dich längst nicht nur in guten Zeiten, sondern erweisen sich gerade dann als hilfreich, wenn du mit Schwierigkeiten konfrontiert wirst. Sofern du dich bewusst auf diese Emotionen einlässt, erkennst du ihre mächtige Wirkung auf dein Wohlbefinden. Positive Emotionen sind unendlich kraftvoll und verbessern deine Fähigkeit, mit Stress umzugehen. Dabei sind vor allem die folgenden positiven Gefühle wichtig zur Stärkung deiner Resilienz:

- Freude und Optimismus
- Dankbarkeit
- Lachen
- Neugier

Die Kraft der Freude und des Optimismus

Freude ist eine Emotion, die Herzen erhellt und den Geist öffnet. Konzentriere dich auf positive Erlebnisse und Momente der Freude! Das hebt deine Stimmung und stärkt deine Resilienz. Freude erinnert dich daran, dass das Leben trotz aller Herausforderungen viele kostbare Augenblicke des Glücks hat und eine optimistische Grundhaltung hilft dir, Herausforderungen mit mehr Zuversicht anzugehen. Freude und Optimismus sind Fähigkeiten, die du bewusst entwickeln kannst. Nimm dir im Alltag Zeit, um die kleinen Freuden deines Lebens wahrzunehmen. Es kann das Lächeln eines Fremden sein, der Duft frischen Kaffees oder der erste Sonnenstrahl im Frühling. Wenn du solche Momente achtsam aufsaugst, schenkst du der Freude in deinem Herzen Raum zum Erblühen.

Dankbarkeit als Schlüssel zur Resilienz

Dankbarkeit ist ein Kraftstoff für deine Seele. Sie lenkt deine Aufmerksamkeit auf das Gute im Leben – auch in schwierigen Zeiten. Die Praxis der Dankbarkeit kann deine Widerstandskraft erhöhen, indem sie dir hilft, inmitten von Herausforderungen das Positive zu sehen. Mit einem Dankbarkeitstagebuch, einer Dankbarkeitsliste, einem täglichen Dankbarkeitsspaziergang oder anderen Dankbarkeitsgewohnheiten lenkst du deinen Fokus bewusst auf die Dinge, auf die du in deinem Leben dankbar sein kannst. Dankbarkeit erinnert dich daran, dass es trotz aller Krisen viele Gründe gibt, wofür es sich lohnt, weiterzukämpfen. Sie schenkt dir die Fähigkeit, selbst in turbulenten Zeiten innere Stärke zu finden.

Das befreiende Lachen

Ein Lachen, das tief aus dem Herzen kommt, ist etwas Wundervolles. Es wirkt unglaublich befreiend, denn es löst Endorphine aus, stärkt Glücksgefühle und reduziert Stress. Hast du das Gefühl, im Alltag viel zu selten zu lachen? Dann probiere folgende Tricks aus, um das Lachen in dein Leben einzuladen:

- Verbringe Zeit mit Menschen, die deinen Sinn für Humor teilen. Lachen ist ansteckend und gemeinsames Lachen ist doppelt so schön!
- Lerne, über dich selbst zu lachen. Sei selbstironisch und nimm dich nicht allzu ernst. Betrachte deine kleinen Macken humorvoll.
- Schaue Komödien, lies witzige Bücher oder höre humorvolle Podcasts.
- Probiere Lachyoga oder Lachmeditationen aus, um auch ohne äußeren Anlass häufiger herzhaft zu lachen und die dadurch entstehenden positiven Effekte zu genießen.
- Nimm dir vor, täglich bewusst zu lachen – sei es beim Aufstehen, vor dem Schlafengehen oder während einer kurzen Pause. Ein solches Lachritual hilft, den Stress des Alltags zu durchbrechen.
- Kinder bringen uns oft auf ganz natürliche Weise zum Lachen. Verbringe Zeit mit Kindern, spiele mit ihnen und lass dich von ihrer ansteckenden Fröhlichkeit inspirieren.

Durch Neugier auf Erforschungskurs bleiben

Neugier ist wie ein Entdeckerdrang, der deine innere Welt und die äußere Realität erkundet. Wer neugierig ist, stärkt seine Resilienz und wird widerstandsfähiger gegenüber den Herausforderungen des Lebens. Neugier motiviert dich, neue Informationen zu sammeln und zu lernen. Indem du offen für neue Perspektiven bist, kannst du adaptiv denken, reagierst flexibler auf Veränderungen und findest alternative Lösungswege. Anstatt vor Schwierigkeiten zurückzuweichen, sind neugierige Menschen motiviert, sie als Möglichkeit zur Entfaltung ihrer eigenen Persönlichkeit anzunehmen. Stelle Fragen, sei offen für neue Erfahrungen, umgib dich mit neugierigen Menschen und experimentiere mit neuen Dingen, um deine Neugier zu fördern!

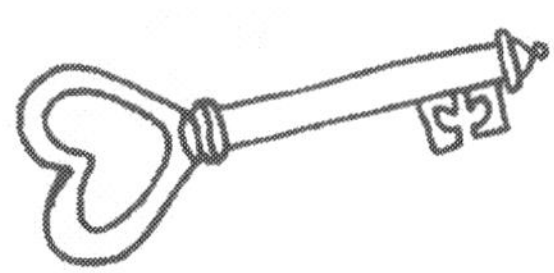

Positive Emotionen in den Alltag integrieren

Integriere positive Emotionen aktiv in dein Leben! Achte darauf, täglich Momente der Freude, Dankbarkeit und Neugier zu schaffen. Kleine Veränderungen durch regelmäßige Gewohnheiten genügen, um dich auf positive Gefühle einzulassen. Die Kraft der positiven Emotionen ist wie ein leuchtender Faden, der sich durch dein Leben zieht und dich in herausfordernden Zeiten begleitet. Indem du dich bewusst darauf einlässt, wirst du in der Lage sein, deine innere Stärke zu nähren. Dadurch kann deine Resilienz wachsen.

Klares Denken durch Selbstregulation und Stressregulation

Greife bei Stress, Hektik und Ängsten zurück auf deine Fähigkeit zur Selbstregulation. Deine Selbstregulation ermöglicht es dir, deine Emotionen, Gedanken und Reaktionen bewusst zu steuern. Indem du dich auf diese Fähigkeit einlässt, kannst du jederzeit einen ruhigen Raum in dir schaffen, sodass du zurück zum klaren Denken kommst. Du löst dich von impulsiven Reaktionen und triffst stattdessen bewusste Entscheidungen.

Achtsamkeit ist das Fundament der Selbstregulation. Durch achtsame Selbstbeobachtung lernst du, deine inneren Prozesse wahrzunehmen, ohne dich von ihnen überwältigen zu lassen. Du erkennst deine Wahlmöglichkeiten und legst eine Pause ein, bevor du in automatische Verhaltensmuster verfällst. Lass Achtsamkeitsübungen zu deinen täglichen Gewohnheiten werden, damit du dich in Stresssituationen zentrieren kannst.

Stressbewältigung als Schlüssel zur Klarheit

Stress ist ein Begleiter deines Lebens, der sich nicht vermeiden lässt. Aber wie du auf ihn reagierst, liegt in deiner Hand. Du kannst dich dem Stress hingeben und von ihm überrollen lassen. Damit setzt du langfristig deine seelische und körperliche Gesundheit aufs Spiel. Besser ist es, effektive Mechanismen zu entwickeln, um mit dem Stress gut umzugehen. Eine wirkungsvolle Stressbewältigung ist der Schlüssel zu einem klaren Denken. In diesem Buch hast du viele Strategien zum gesunden Umgang mit Stress kennengelernt, die einerseits auf der körperlichen und andererseits auf der emotionalen Ebene ansetzen:

- Praktiziere Achtsamkeit wie Atembeobachtung, Körperscans und Meditationen, um das innere Gleichgewicht wiederherzustellen.
- Finde heraus, welche Faktoren Stress in deinem Leben auslösen, und arbeite dann gezielt daran, mit deinen Stressoren umzugehen.
- Regelmäßige Bewegung setzt Glückshormone frei und baut Stress ab.
- Teile deine Gefühle und Gedanken mit Menschen, die du liebst.
- Achte auf ein effizientes Zeitmanagement.
- Führe positive Selbstgespräche.
- Lerne, Grenzen zu setzen und auch mal „Nein" zu sagen, wenn du etwas nicht kannst oder möchtest.

Welche Stressbewältigungsstrategien für dich am besten funktionieren, ist individuell. Probiere unterschiedliche Maßnahmen aus, um herauszufinden, welche am besten zu dir passen.

Die Kunst der Entscheidungsfindung unter Druck

Es ist eine Herausforderung inmitten von Druck und Unsicherheit, klare Entscheidungen zu treffen. Doch es gibt Methoden, mit denen du deine Entscheidungsfähigkeit auch in stressigen Momenten stärken kannst:

- **Priorisieren:** Befasse dich zunächst mit den dringendsten Entscheidungen. Setze klare Prioritäten, um den Überblick zu behalten und dich auf das Wesentliche zu konzentrieren.

- **Informationen sammeln:** Hol dir alle relevanten Informationen, die du für deine Entscheidung benötigst. Je besser du informiert bist, desto fundierter wird deine Wahl sein.
- **Optionen abwägen:** Stelle eine Liste der möglichen Alternativen zusammen. Schreibe die Vor- und Nachteile jeder Option auf.
- **Entscheidungskriterien festlegen:** Definiere klare Kriterien mit denen du deine Optionen bewertest. So kannst du objektive Maßstäbe für deine Entscheidung heranziehen.

- **Zeitmanagement:** Setze dir eine zeitliche Begrenzung für deine Entscheidungsfindung. So verhinderst du, dass du dich in endlosen Gedankenschleifen verlierst.
- **Auf das Bauchgefühl hören:** Manchmal kann dein Bauchgefühl dir den richtigen Weg zeigen, auch wenn du keine rationale Erklärung dafür hast.
- **Perspektive wechseln:** Betrachte die Situation aus verschiedenen Blickwinkeln. Dies bringt dir neue Einsichten und innovative Lösungsansätze.
- **Vom Perfektionismus lösen:** In den meisten Fällen gibt es keine perfekte Wahl, sondern nur die beste Entscheidung mit den vorhandenen Informationen.
- **Mit Unsicherheit leben:** Akzeptiere, dass Unsicherheit Teil des Entscheidungsprozesses ist. Sei dir darüber im Klaren, dass du mit den Informationen, die du hast, die bestmögliche Wahl treffen wirst.
- **Aus vergangenen Entscheidungen lernen:** Überlege, welche Konsequenzen die Entscheidungen deiner Vergangenheit hatten und wie du in ähnlichen Situationen zukünftig besser entscheiden kannst.

Probiere es aus! Du wirst feststellen, dass du immer besser auch unter Druck fundierte Entscheidungen treffen kannst. Die Fähigkeit, klare Entscheidungen zu treffen, wird zu einem Werkzeug, das dir hilft, mit Herausforderungen umzugehen und dein Leben in die für dich optimale Richtung zu lenken.

Regelmäßige Gewohnheiten zur Selbstregulation

Deine innere Balance hilft dir, unter Druck klar zu denken und die richtigen Entscheidungen zu treffen. Sie schützt dich davor, impulsiv und überstürzt zu handeln. Unangenehme Konsequenzen inklusive.

Von täglichen Atemübungen über kurze Achtsamkeitspausen bis hin zur bewussten Selbstreflexion am Ende des Tages – diese kleinen Rituale werden dir helfen, deine Gedanken zu lenken, anstatt dich von ihnen treiben zu lassen. Sie sind ein mächtiges Mittel, wenn es um die Selbstregulation und den Aufbau deiner Resilienz geht.

Die Balance zwischen Aktivität und Ruhe finden

Zur Fähigkeit der Selbstregulation gehört auch, das richtige Gleichgewicht zwischen Aktivität und Ruhe zu finden. Baue bewusst Pausen in deinen Tag ein, um körperliche und emotionale Energie aufzutanken. Diese Momente der Ruhe sind wohltuend und wichtig für eine starke Klarheit und Resilienz. Wie könnten solche Pausen aussehen? Und wie lassen sie sich gut in deinen Alltag integrieren?

- Setze feste Zeiten für Pausen in deinem Tagesablauf, um eine tägliche Routine zu etablieren.
- Während deiner Pause solltest du dich bewusst von den Anforderungen deines Alltags lösen. Schalte auch dein Smartphone ab, um Ablenkungen zu vermeiden.
- Nutze Methoden wie Atemübungen, progressive Muskelentspannung oder kurze Meditationen, um Körper und Geist zur Ruhe zu bringen.
- Verbringe deine Pausen möglichst im Freien. Ein kurzer Aufenthalt in der Natur wirkt erfrischend und klärt den Geist.
- Pausen müssen nicht zwangsläufig ruhig sein. Leichte Sportarten wie Dehnen oder ein kurzes Workout spenden ebenfalls Energie für den Rest des Tages.
- Lesen, Malen, Musik hören – wähle Aktivitäten, die dir Freude bereiten und dich entspannen lassen.
- Nutze deine Pausen, um bewusst im Moment zu sein. Beobachte deine Umgebung, deine Atmung und deine Gedanken.
- Verbringe Pausen mit Kollegen, Freunden oder Familie, um zwischenmenschliche Verbindungen zu stärken und gemeinsame positive Erfahrungen zu sammeln.

Selbstregulation und Stressbewältigung: dein Anker in stürmischen Gewässern

Die Fähigkeit zur Selbstregulation und Stressbewältigung ist wie ein Anker in stürmischen Gewässern. Indem du dich bewusst auf die in diesem Buch vorgestellten Werkzeuge einlässt und sie regelmäßig praktizierst, wirst du in der Lage sein, auch in stressigen Zeiten einen klaren Kopf zu bewahren.

Resilienz als Werkzeug

Deine Resilienz ist nicht nur eine verborgene Eigenschaft in dir, sondern dient als praktisches Werkzeug, das du gezielt einsetzen kannst, um die Herausforderungen des Lebens mit mehr Klarheit und Selbstvertrauen zu meistern. Sie ist der Schlüssel zur Bewältigung von Herausforderungen in allen Lebenslagen.

Resilienz ist kein passiver Zustand, den du in Zeiten der Not aktivierst. Sie ist ein aktives Werkzeug, das du bewusst nutzen kannst, um in all deinen Lebensbereichen effektiv zu agieren. Ob du vor beruflichen Hürden stehst, persönliche Ziele verfolgst oder zwischenmenschliche Beziehungen pflegst – deine Resilienz wird dich begleiten.

Bewusster Einsatz der Resilienz in beruflichen Herausforderungen

In der Arbeitswelt wirst du tagtäglich mit einer Fülle an Anforderungen, Veränderungen und Herausforderungen konfrontiert. Die gestärkte Resilienz wird dir die nötigen Fähigkeiten verleihen, die du brauchst, um dich flexibel anzupassen und souverän mit unvorhergesehenen Situationen umzugehen:

- **Flexibilität:** Statt dich von unerwarteten Veränderungen überwältigen zu lassen, wirst du mit gestärkter Resilienz lernen, dich flexibel anzupassen. Deine Anpassungsfähigkeit ist eine wertvolle Ressource, dank der du auf Veränderungen mit Gelassenheit reagieren und neue Wege finden wirst.

- **Stressbewältigung:** In stressigen Phasen im Berufsalltag kannst du deine Selbstregulations- und Stressbewältigungstechniken einsetzen. Sie beruhigen deine Gedanken und lassen dich klare Handlungsstrategien entwickeln. Du musst dich also nicht mehr von negativem Stress übermannen lassen.
- **Aus Rückschlägen lernen:** Dank deiner gestärkten Resilienz wirst du Rückschläge nicht mehr als Niederlagen sehen, sondern als Chancen zum Wachstum. Du bist in der Lage, aus Fehlern zu lernen, dich wieder aufzurappeln und gestärkt weiterzumachen.
- **Umgang mit Konflikten:** Berufliche Konflikte werden für dich nicht mehr wie unüberwindbare Hindernisse wirken. Dank deiner verbesserten Selbstregulation wirst du ruhiger und sachlicher auf Konfliktsituationen reagieren. Du kannst deine Emotionen besser kontrollieren und konstruktive Lösungsansätze finden.
- **Neue Denkmuster:** deine gestärkte Resilienz wird deine Kreativität und Innovationsfähigkeit fördern. Dadurch kannst du neue Herangehensweisen entwickeln und innovative Lösungen für komplexe Aufgaben finden.
- **Langfristige Ziele:** Resilienz hilft dir dabei, nicht von kurzfristigen Rückschlägen abgelenkt zu werden. Du wirst den Fokus auf deine langfristigen beruflichen Ziele legen. So gelingt es dir, trotz Hindernissen den Glauben an deine Fähigkeiten, die du zum Erreichen deiner Ziele brauchst, zu bewahren.

Indem du deine Resilienz bewusst in der Arbeitswelt einsetzt, wirst du nicht nur deine persönliche Entwicklung vorantreiben, sondern auch einen positiven Einfluss auf dein berufliches Umfeld ausüben. Du wirst zu einem Vorbild für Kollegen und Teammitglieder. Die erworbenen Fähigkeiten helfen dir, die vielfältigen Herausforderungen des Arbeitslebens souverän zu meistern und die Karriereleiter nach oben zu klettern.

Resilienz in persönlichen Beziehungen

Deine Beziehungen bringen viel Freude und Unterstützung in dein Leben, aber sie können auch eine Herausforderung sein. Deine Resilienz wird dir dabei helfen, mit unterschiedlichen Perspektiven umzugehen, Konflikte zu lösen und gesunde Grenzen zu setzen. Statt bei Meinungsverschiedenheiten frustriert zu sein, wirst du als resiliente Person die Vielfalt der Perspektiven schätzen. Durch deine starke Resilienz wirst du in der Lage sein, konstruktive Gespräche zu führen und gemeinsame Lösungen zu finden. Zwischenmenschliche Beziehungen funktionieren nicht ohne Konflikte, auch wenn wir uns das wünschen. Aber mit deiner gestärkten Resilienz kannst du besser Ruhe bewahren und Kompromisse finden, mit denen beide Parteien einverstanden sind. Du neigst weniger zu impulsiven Handlungen oder unüberlegten Worten, die du später bereust.

Durch deine starke Resilienz bist du in der Lage, jederzeit auf deine Fähigkeit zur Selbstregulation zurückzugreifen, um gesunde Grenzen in deinen Beziehungen zu setzen. Es wird dir leichter fallen, „Nein" zu sagen, wenn dich jemand um Hilfe bittet, du aber wirklich gerade keine Zeit hast. Als eine Person mit starker Resilienz kennst du effektive Kommunikationstechniken, um Missverständnisse zu minimieren. Du hörst aktiv zu und stellst offene Fragen. So stellst du sicher, dass du die Anliegen und Bedürfnisse deiner Mitmenschen wirklich verstehst. Mit gestärkter Resilienz wirst du Beziehungen nicht nur als Bereicherung für dein Leben sehen, sondern auch als Chance zur persönlichen Entwicklung und Wachstum. Du wirst mit Konflikten und Herausforderungen in Beziehungen besser umgehen, indem du deine erworbenen Fähigkeiten zur Selbstregulation, Kommunikation und Empathie anwendest. Dies wird nicht nur deine eigenen zwischenmenschlichen Beziehungen stärken, sondern auch dein gesamtes soziales Umfeld positiv beeinflussen.

Die innere Stärke auf persönliche Ziele ausrichten

Auf dem Weg zu deinen persönlichen Zielen wird deine starke Resilienz zu einem unverzichtbaren Verbündeten. Mithilfe deiner inneren Kraft akzeptierst du Hindernisse als natürlichen Bestandteil des Prozesses und schreitest dennoch entschlossen auf deinem Weg voran:

- **Bessere Akzeptanz von Rückschlägen:** Statt dich von Rückschlägen entmutigen zu lassen, wirst du lernen, sie als Bestandteil des Fortschritts zu betrachten.
- **Fortschritt trotz Hindernissen:** Durch deine verbesserte Resilienz wirst du die Fähigkeit entwickeln, trotz Hindernissen und Widerständen voranzukommen. Angenommen, du möchtest ein neues Hobby anfangen. Dann hilft dir deine starke Resilienz dabei, bei unerwarteten Schwierigkeiten am Ball zu bleiben und nicht gleich aufzugeben.
- **Weniger Selbstzweifel:** Als resiliente Person hast du die Fähigkeit, Selbstzweifel und negative Gedanken zu überwinden, die dich von deinen Zielen abhalten. So kannst du beispielsweise positive Selbstgespräche nutzen, um dich zum Durchhalten zu motivieren.
- **Flexible Reaktion bei Veränderungen:** Wenn sich deine Ziele im Laufe der Zeit ändern oder neue Chancen auftreten, wirst du dank deiner Resilienz in der Lage sein, flexibel darauf zu reagieren. Wenn du beispielsweise erkennst, dass deine familiären Ziele sich verändert haben, kannst du als resiliente Person deine Pläne anpassen und neue Wege einschlagen.

Deine gestärkte Resilienz wird sich als entscheidender Vorteil erweisen, wenn es darum geht, persönliche Ziele zu erreichen. Indem du lernst, Rückschläge zu akzeptieren, Hindernisse zu überwinden und flexibel auf Veränderungen zu reagieren, wirst du nicht so leicht vom Weg abkommen. Als resiliente Person bist du zuversichtlich und fokussiert. Dadurch wirst du deinen Weg zu persönlichem Wachstum und Erfolg mit höherer Wahrscheinlichkeit erfolgreich meistern.

Das Wachstumspotenzial der Resilienz nutzen
Deine Resilienz hat ein enormes Wachstumspotenzial. Nutze jede Erfahrung, jede Herausforderung und jede Chance, um deine Fähigkeiten zu vertiefen und deine innere Stärke weiter auszubauen. Deine gestärkte Resilienz wird zu einem wichtigen Begleiter, der dir in allen Lebenslagen zur Seite steht. Das Wissen, dass deine Resilienz ein aktives Werkzeug ist, wird dein Selbstvertrauen ebenso stärken wie deine Fähigkeit, mit den Unwägbarkeiten des Lebens umzugehen.

DIE MACHT DER KLEINEN GEWOHNHEITEN ENTFESSELN

Manchmal sind es die kleinen Dinge, die den Unterschied ausmachen. Wenn du es schaffst, ein paar der in diesem Buch vorgestellten Übungen als Gewohnheiten in deinen Alltag zu übernehmen, kannst du davon in erheblichem Maße profitieren. Kleine Veränderungen haben häufig eine große Wirkung und können dein gesamtes Leben nachhaltig beeinflussen.

Die Kraft der Wiederholung

Gewohnheiten sind wie unsichtbare Fäden, die sich durch dein Leben ziehen. Sie beeinflussen dein Denken, dein Verhalten und deine Reaktionen. Nutze die Macht der Wiederholung, um positive Veränderungen in deinem Leben zu bewirken. Nehmen wir an, du möchtest dein Selbstbewusstsein stärken. Statt großer Veränderungen kannst du kleine Gewohnheiten in deinen Alltag integrieren. Sprich dir zum Beispiel jeden Morgen, bevor du das Haus verlässt, eine positive Affirmation zu. Wiederholst du diese kleine Handlung über Wochen oder Monate, brennt sie sich fest in dein Denkmuster ein. Nach und nach beginnst du, deine kritische innere Stimme durch positive Selbstgespräche zu ersetzen. Dein Selbstvertrauen wächst.

Auch beim Umgang mit beruflichem Stress kannst du die Macht der Wiederholung zu deinem Vorteil nutzen. Anstatt in Panik zu geraten, wenn dein Chef dich mit Abgabeterminen stresst, könntest du eine Gewohnheit entwickeln, die dir hilft, ruhig zu bleiben. Das kann zum Beispiel eine der Atemübungen aus diesem Buch sein. Jedes Mal, wenn du dich gestresst fühlst, nimmst du dir einen Moment, tief durchzuatmen und dich zu erden. Mit der Zeit wird diese einfache Routine deine Fähigkeit zur Stressbewältigung stärken, sodass du auch in stressigen Situationen klar denken und angemessen reagieren kannst.

Wenn du neue, kleine Gewohnheiten einführst, darfst du keine großen Veränderungen über Nacht erwarten. Es geht vielmehr darum, bewusst kleine Schritte in Richtung deiner Ziele zu setzen und diese über die Zeit zu festigen. Diese kleinen Schritte werden irgendwann große positive Veränderungen in deinem Leben bewirken. Indem du dich auf die Macht der Wiederholung einlässt und bewusst positive Gewohnheiten in deinem Alltag verankerst, wirst du mehr Kontrolle über dein Denken und Handeln haben und deine Resilienz stärken. Du wirst erkennen, dass du deine persönliche Entwicklung selbst in der Hand hast.

Von Übungen zu Gewohnheiten

Die Übungen, die du in diesem Buch kennengelernt hast, sind wie Samen, die du in den Boden deines Lebens gepflanzt hast. Du musst sie pflegen, damit aus diesen Samen starke Pflanzen mit prächtigen Blüten werden. Indem du diese Übungen in deinem täglichen Leben regelmäßig praktizierst, kannst du sie in gewinnbringende Gewohnheiten verwandeln.

Beginne damit, dir bewusst Zeitfenster in deinem Tag zu schaffen. Ähnlich wie du wichtige Termine und Verpflichtungen einplanst, gibst du auch diesen Übungen einen festen Platz in deinem Zeitplan. Zum Beispiel könntest du dir vornehmen, morgens nach dem Aufstehen sechs Minuten für eine Atemübung zu reservieren. Während deiner Mittagspause ist vielleicht ein guter Moment für einen kurzen Spaziergang, den du mit einer Achtsamkeitsübung verbinden kannst.

Oder du verknüpfst die Übungen mit bestehenden Routinen deines Alltags. Wenn du zum Beispiel jeden Morgen eine Tasse Kaffee trinkst, wäre das eine gute Gelegenheit für eine Dankbarkeitsübung. Wenn du abends Yoga machst, so beende deine Übungen doch in Zukunft mit einer ausgiebigen Meditation.

Wiederholung ist wichtig, um aus Übungen Gewohnheiten werden zu lassen. Aber bewahre dir deine Flexibilität. Es wird Tage geben, an denen du weniger Zeit für die Übungen findest und manchmal wirst du sie auch einfach vergessen. Davon solltest du dich aber nicht entmutigen lassen. Oft genügt es, alternative Zeitfenster zu finden oder dich durch dein Smartphone an deine neuen Gewohnheiten erinnern zu lassen. Der Schlüssel liegt darin, bei aller Unvorhersehbarkeit des Lebens kontinuierlich an deiner Resilienz zu arbeiten.

Es braucht Zeit, um aus Übungen stabile Gewohnheiten für deinen Alltag zu formen. Es wird Momente geben, in denen es dir ganz leicht fällt, aber auch Augenblicke, in denen du am liebsten alles über den Haufen werfen würdest. Je öfter du dich bewusst dafür entscheidest, diese Übungen in deinem Alltag zu praktizieren, desto mehr werden sie zu einem natürlichen, selbstverständlichen Bestandteil deines Lebens. Sie fügen sich in deinen Alltag ein und bieten dir eine wertvolle Unterstützung auf deinem Weg zu mehr Resilienz.

Bereit für kommende Herausforderungen: die Reise geht weiter

Indem du die Macht der kleinen Gewohnheiten nutzt, kannst du kommende Herausforderungen in deinem Leben mit mehr Gelassenheit annehmen. Deine gestärkte Resilienz, deine Fähigkeit zum klaren Denken und deine bewusste Selbstregulation werden dir helfen, auch in stürmischen Zeiten ruhig zu bleiben und an Herausforderungen zu wachsen. Mit der Zeit wird es dir gelingen, mit mehr Selbstvertrauen und innerer Stärke auf jede Situation zu reagieren. Deine Reise zur Resilienz ist ein kontinuierlicher Prozess. Lass die Erkenntnisse, die du in diesem Buch gewonnen hast, nicht nur Worte bleiben. Sorge dafür, dass daraus Taten werden, die dein Leben nachhaltig prägen.

Schlusswort

Ein starkes Fundament für eine starke Seele

Deine Reise zu einer stärkeren Resilienz ist voller Entdeckungen. Es ist eine Reise zu innerer Stärke, Selbstfürsorge und Gelassenheit. Dieses Buch zeigt dir, wie du den Stürmen des Lebens mit einer ruhigen und widerstandsfähigen Haltung begegnest. Von den Grundlagen der Resilienz über das Netzwerk des Vertrauens bis hin zur Kunst der Selbstfürsorge hast du allerhand Strategien kennengelernt. Wendest du diese im Alltag regelmäßig an, stärkst du deine Fähigkeit zur Bewältigung von Herausforderungen ebenso wie dein Verständnis für deine eigene innere Welt.

Die Reise zu mehr Resilienz ist nicht ohne Stolpersteine. Aber Rückschläge bedeuten nicht das Ende, sondern sind Chancen zur Weiterentwicklung, Hindernisse sind nicht unüberwindbar, sondern Teil des Weges. Deine Resilienz ist dein Kompass, der dir hilft, den Weg zu finden und ihn unbeirrt weiterzugehen. Mit den kleinen Übungen, die du in diesem Buch kennengelernt hast, kannst du deine Resilienz weiter stärken. Integriere sie in deinen Alltag und wiederhole sie regelmäßig, damit sie zu starken Gewohnheiten werden. Mit deinen neuen Gewohnheiten wirst du Tag für Tag dein inneres Gleichgewicht wiederfinden. Es ist ein Weg, der von innerer Stärke, Achtsamkeit und einem tiefen Verständnis für dich selbst geprägt ist. Möge diese Reise der Resilienz dich weiterhin inspirieren. Denke immer daran: Du besitzt die Fähigkeit, selbst in den stürmischsten Zeiten die Ruhe im Auge des Sturms zu finden.

Quellenangabe

- Matthias Antonius Brüstle, Resilienz – ein Überblick, https://ofpg.ch/wp-content/uploads/Ueberblick-Resilienz_M.A.Bruestle2015.pdf (aufgerufen am 24. Juli 2023)
- Marcel Schuy, Die 7 Säulen der Resilienz – Das Resilienzmodell mit Umsetzungstipps, https://clevermemo.com/blog/7-saeulen-der-resilienz-resilienzmodell/ (aufgerufen am 17. Juli 2023)
- Sebastian Mauritz, Was verstehen wir unter Ressourcen?, https://www.resilienz-akademie.com/ressourcen/ (aufgerufen am 27. Juli 2023)
- Johanna Riesenbeck, Resilienz – Ressourcen erkennen und stärken, https://www.rehbein-akademie.de/nachrichten/resilienz-ressourcen-erkennen-und-staerken (aufgerufen am 7. August 2023)
- Sebastian Mauritz, Umgang mit Stress – mit Resilienz Stress bewältigen, https://www.resilienz-akademie.com/umgang-mit-stress-mit-resilienz-stress-bewaeltigen/ (aufgerufen am 20. Juli 2023)
- Iris Soltau, Resilienz: Mit Krisen fertig werden, https://www.tk.de/techniker/magazin/life-balance/stress-bewaeltigen/resilienz-persoenliche-schutzfaktoren-gegen-stress-2006874?tkcm=ab (aufgerufen am 27. Juli 2023)
- Kathrin Schmidt, Innerer Kritiker & liebevoller Begleiter – Erfahrung + Tipps, https://gluecksheldin.de/innerer-kritiker/ (aufgerufen am 7. August 2023)
- Manuela Lenzen, Resilienz lässt sich lernen, https://www.psychologie-heute.de/leben/artikel-detailansicht/38838-resilienz-laesst-sich-lernen.html (aufgerufen am 2. August 2023)

Printed in Germany
by Amazon Distribution
GmbH, Leipzig

33215592R00084